내 마음이 지옥일 때

부처가 말했다

MO OKORANAI
Copyright © 2012 Koike Ryunosuke
All rights reserved.

Original Japanese edition published in 2012 by GENTOSHA INC.
Korean translation rights arranged with GENTOSHA INC., Tokyo
through Eric Yang Agency Co., Seoul. Korean translation rights ©2025
by Woongjin Think Big Co., Ltd.

이 책의 한국어판 저작권은 Eric Yang Agency를 통해
GENTOSHA INC.과의 독점 계약으로 웅진씽크빅에 있습니다.
저작권법에 의해 한국 내에서 보호를 받는 저작물이므로
무단 전재와 무단 복제를 금합니다.

내 마음이 지옥일 때　　부처가 말했다

분노의 늪에서 나를 건지는 법

코이케 류노스케
지음

박수현
옮김

일러두기

1. 이 책은 국립국어원 표준국어대사전의 표기법을 따랐으나, 일부 용어의 경우 통상의 발음을 따른 경우가 있다.
2. 본문 중 각주는 모두 옮긴이 주다.
3. 국내 번역 출간된 책은 한국어판 제목으로 표기했으며, 미출간 도서는 원어를 병기했다.
4. 본문에 인용한 불교 경전 내용은 모두 저자의 해석을 바탕으로 재구성된 것으로, 원문 그대로의 번역이 아니다.

오늘도
번뇌의 지옥을
서성이는 그대에게

부글부글, 투덜투덜 폭주하는 생각들. 그것이 바로 원흉이다. 사람들은 대부분 아침부터 밤까지 생각에 빠져 지낸다. 걷는 중에도 생각하고, 전철로 이동하면서도 생각하고, 일하면서도 생각하고, 밥을 먹으면서도 생각하고, 이야기를 나누면서도 생각하고, 영화를 보면서도 생각한다.

생각하는 데 능숙한 사람이 많다. 그러나 불교 관점에서 보자면 그것은 이미 죽은 것과 다름없다. 생각은 현실도 사실도 아닌 망상의 세계일 뿐이다. 늘 그곳에 마음을 깊이 넣어둔 채 지낸다면 죽어 있는 것이나 마찬가지다. 진짜 현실을 느낄 수 없어 스트레스가 쌓여도 이상할 것 없는 상태가 된다.

그렇다면 우리는 마음속으로 짜증을 내고 투덜거리며 도대체 무슨 생각을 할까? 바로 '이 일이 망하면 어떡하지.' '저 사람이 나를 싫어하는 게 아닐까?' '정말 나쁜 놈이야. 용서 못 해!'와 같은 부정적 생각이다. 이런 생각이 우리의 마음을 지배하곤 한다. 불교 관점에서 말하자면 이것은 모두 '분노'다.

스스로 알면서도 좋아서 화를 내는 사람은 없다는 사실을 명심해야 한다. 마음이 분노로 물들면 불쾌해지고 지친다. "불쾌해지고 싶다."라고 말하는 특이한 사람은 없을 것이다. 그렇지만 마음에는 멋대로 폭주해 무의식중에 불안해지거나 화가 나서 자신을 망가뜨리는 성질이 있다. 뒤에서 자세히 설명하겠지만, 불안과 분노는 평온한 만족감보다 훨씬 강한 자극을 주며 마음에 각인되기 때문에 습관이 되기 쉽다.

우리는 남에게 보이지 않는 마음속에서 아침부터 밤까지 '그것 때문이야.' '그 인간이 그런 식으로 말하니까…' '저런 태도 때문에 화가 나.' '그 음악은 끔찍해!' 하고 끝임없이 분노하며 스스로 심신을 괴롭힌다. 그 결과 몸과 마음이 망가지면서 불쾌하게 느껴지고, 어떤 상황에서든 행복을 느낄 수 없게 된다. 아무리 높은 지위나 수입, 명성을 얻더라도 마음이 제멋대로 불쾌해지는 한 죽을 때까지 행복할 수 없다. 그러니 여기가 바로 지옥이다.

우리에게서 평온하고 즐겁게 지낼 자유를 빼앗고, 불쾌하게 만드는 분노라는 번뇌. 우리의 심신을 번거롭고煩 괴롭게惱 만드는 분노가 발생하는 데는 또 다른 번뇌인 '욕망' 그리고 '미혹'과 밀접한 관계가 있다. 무지한 마음이 흔들리며 헤매는 미혹으로 인해 욕망이 생기고, 그 욕망이 폭주해 만족하지 못하면 마음은 분노에 물든다.

이 책을 통해 욕망, 분노, 그리고 미혹을 만들어내는 마음의 구조를 이해하고 번뇌의 폭주를 멈추어보자. 쓸데없는 생각을 억제해 화가 나서 자신을 괴롭히는 일도 화를 내며 다른 사람에게 피해를 주는 일도 끝내자.

이제는 화내지 않겠다고 결심하고, 겉으로 드러내지 않을 뿐만 아니라 마음속으로도 화내지 않았을 때, 우리는 진정한 마음의 자유와 함께 평온하고 즐겁게 지내는 행복을 충분히 누릴 것이다.

코이케 류노스케

차례

5   **시작하며** 오늘도 번뇌의 지옥을 서성이는 그대에게

1장

욕망은 고통을 부른다

- 17 왜 욕망은 고통스러운가
- 21 욕망이 힘이 된다는 착각
- 24 실현되는 순간 허무해진다
- 28 생각하지 말고 그냥 하라
- 31 일은 보상이 아니라 그 자체로 즐거움이다
- 36 식탐, 얼마나 헛된 것인가
- 40 욕망은 어떻게 식욕을 키우는가
- 43 배를 채워도 채워지지 않는다
- 45 지금 먹는 한입에 몰두하라
- 48 말하고 싶은 욕망도 줄여라
- 51 욕망을 누르고 들어라
- 54 좋은 마음이 좋은 모습을 만든다
- 56 나만 옳다는 집착에서 벗어나라
- 59 설득에 매달리지 말라
- 61 욕망이라는 감옥에서 벗어나는 법

2장

분노는 그대를 해친다

- 67 분노, 몸과 마음을 망가뜨리는 악순환의 고리
- 70 왜 그토록 화가 치미는가
- 72 화가 그대를 지배하게 두지 말라
- 75 분노가 힘이 된다는 오해
- 79 사랑받고 싶다는 어린아이 같은 욕망
- 82 행복을 바라면서 정반대로 행동하지 말라
- 86 쓰면 쓸수록 늘어나는 분노 에너지
- 89 슬픔도, 외로움도 결국 분노다
- 91 불평불만은 나를 태우는 불씨가 된다
- 94 괜한 상상이 분노를 키운다
- 97 분노를 다스리는 부처의 지혜
- 100 타인의 번뇌를 미워하는 마음
- 103 분노로부터 나를 보호하는 법

3장

미혹은 능력을 무디게 한다

- 109 미혹은 방황하는 마음이다
- 112 미혹이 무너뜨리는 것들
- 114 도망치는 마음을 발끝으로 되돌리기
- 117 나를 잊을 때 몰입이 시작된다
- 120 사물을 세세히 관찰해보라

4장

마음은 왜 쉽게 흐트러지는가

- 127 마음은 감각을 편집한다
- 130 마음의 편집 시스템을 이해하라
- 133 욕망을 자극하는 이야기가 남는다
- 136 번뇌는 이렇게 만들어진다
- 139 복수해도 내게 독이 퍼질 뿐
- 143 들은 말은 들은 대로 두어라
- 148 마음은 생겼다가 사라진다

5장

번뇌에서 벗어나는 마음공부

- 153 그대의 마음에 규칙을 부여하라
- 156 흔들리는 마음을 다잡는 열 가지 방법
- 171 스스로에게 규칙을 부여하는 연습
- 174 분노가 솟아나는 순간을 감지하라
- 177 마음 깊은 곳까지 파고들어라
- 180 내가 내 마음의 주인임을 잊지 말라
- 184 만족감을 마음 깊숙이 새겨 넣어라
- 189 지금 여기, 현실에 충실하기
- 191 비우고 집중하는 연습
- 196 그 사람을 미워할수록 당신이 손해를 본다
- 200 우주의 모든 생명이 집착에서 자유롭기를

6장

평온한
마음을
유지하는
수련

209 받아들이되 휘둘리지 않는 힘
212 몸이 보내는 고통의 신호를 감지하라
216 그 속에 욕심은 없는가
221 감정을 바라보면 악행은 멀어진다
224 마음공부에는 종교가 필요 없다
227 내가 고요할 때 타인의 마음이 보인다
230 분위기만 읽다 보면 나를 잃는다
234 불쌍하게 여기는 마음으로
239 세상의 소란에 휩쓸리지 않도록

246 **마치며**   밀려드는 분노를 자각하기

1장 | 욕망은 고통을 부른다

욕망을 채우면 행복해질 것이라는 생각은
당신의 망상이다.

왜 욕망은
고통스러운가

사람들은 욕망이 의욕을 빼앗고 기운 빠지게 하는 스트레스 요인임을 모른다. 불도佛道의 마음가짐을 유지하면서 마음을 관찰하다 보면 욕망이 번뇌라는 말의 의미처럼 '번거롭고 괴롭게 하는' 스트레스 요인이라는 사실을 알 수 있다. 동시에 의욕이나 동기부여는 욕망과 전혀 다른 것임도 알아차리게 된다.

나는 지금도 어린 시절 원하던 장난감을 갖지 못해 큰

소리로 엉엉 울던 일을 생생히 기억한다. 유치원에 다닐 무렵『근육맨』이라는 만화가 유행했다. 나도 이 만화를 좋아해서 '근육맨 지우개'라는 캐릭터 상품을 모았다. 하지만 용돈을 받지 못하는 어린아이는 기회를 봐서 부모님에게 조르는 것 말고는 손에 넣을 방법이 없었다. 나는 틈만 나면 "근육맨 지우개 사주세요." 하고 부모님에게 조르곤 했다.

하지만 부모님은 괜히 응석을 받아줬다가 나중에 씀씀이가 헤픈 사람이 될까 싶어 쉽게 사주지 않았다. "안 돼, 다음에 사. 이번 운동회 달리기 경주에서 3등 안에 들면 사줄게." 당시 운동신경이 좋지 않은 나로서는 절망적인 과제였다. 아무리 생각해도 3등 안에 들 가능성이 없었다. '근육맨 지우개를 갖고 싶어. 하지만 불가능할 것 같아. 그래도 갖고 싶어. 사주지 않으니 내가 부정당한 것 같아 상처받고 화가 나.' 이런 생각이 들면서 가슴이 답답하고 오열이 치밀어 올랐다.

어릴 때는 몸이 정직해서 정신적 고통이 그대로 신체적

고통으로 느껴진다. 이때 느낀 고통은 이 세상의 종말과도 같이 절망적으로 다가왔다. 다들 한 번쯤은 그랬던 기억이 있지 않을까. 욕망, 특히 실현할 수 없을 듯한 욕망은 분노를 낳고, 몸에 급격한 변화를 일으키며, 고통을 주고, 어린아이를 큰 소리로 엉엉 울게 만든다. 예전에 어떤 스님이 욕망에 대해 "마치 지옥 불에 구워지는 듯하다."라고 표현했다. 틀린 말은 아니라고 생각한다.

사람들은 대부분 어른으로 성장하면서 자신의 욕망 때문에 치밀어 오르는 눈물과 가슴이 답답하고 목이 메는 느낌 등을 억누른다. 그러다 보면 실제로 몸에서 고통을 느끼는 생화학적 반응이 일어나는데도 이에 둔감해져 아무렇지 않은 척할 수 있게 된다. 즉 태연한 척하면서 정직하지 않은 사람이 되어가는 과정을 밟고 있다고도 할 수 있다.

신체 반응에 대한 센서가 민감하면 욕망이 생길 때 몸과 마음이 고통을 겪는다는 사실을 뼈저리게 느낀다. 그렇기에 육체적 차원에서 욕망을 적당히 조절해야 한다고 여기게 된다. 그러나 센서가 둔감하면 욕망이 어떤 손해를 초래하는지 깨닫지 못한다. 그 결과, 욕망에 휩싸여 주위에 폐를 끼쳐도 신경 쓰지 않는 인격이 완성되는 듯하다.

욕망이
힘이 된다는
착각

욕망은 아직 손에 넣지 못한 것이 주는 고통 때문에 생긴다. 그래서 이 고통을 없애려는 힘이 다양한 행동을 일으킨다. 갖고 싶다고 생각한 순간 원하는 것이 손에 들어오는 동화 속에 산다면 별문제가 없을지도 모른다. 하지만 현실 세계에서는 갖고 싶다는 생각이 든 순간부터 실제로 손에 넣을 때까지 시차가 생긴다.

그래서 욕망이 이루어질 때까지 내내 불쾌한 기분이 이

어진다. '갖고 싶어, 하지만 아직 손에 넣지 못했어, 괴로워!' 하고 말이다. 이것이 바로 욕망의 근원적 문제점이다. 욕망이 생기면 기운이 나고 즐거워지는 것은 이러한 불쾌감에 따른 자극을 '두근두근해 → 기분 좋아'라고 착각했기 때문이다. 사실은 '불쾌'하게 느끼는데도 마음이 정보를 '쾌快'로 바꾸어버린다.

각자가 알든 모르든 간에 욕망을 채우지 못해 느끼는 불쾌감은 잠재의식에서 부정적 에너지로 쌓여간다. 그러다 언젠가 또 다른 고통을 만들어내는 씨앗이 된다. 즉 욕망으로 생긴 불쾌감은 일회성으로 끝나지 않을뿐더러 연쇄반응을 일으키기 때문에 무서운 것이다. 불쾌감 자체는 마음의 문제지만 불쾌감으로 물든 마음은 미세한 물질, 즉 노르아드레날린이나 아드레날린 같은 불쾌 물질을 만들어 몸에 손상을 입힌다.

몸을 잘 관찰하다 보면 강한 욕망이 솟아오를 때 속이 메스껍거나 가슴이 답답해지는 것을 알 수 있다. 또 호흡을 관찰하는 데 익숙해지면 욕망이 치밀어 오를 때 호흡이 얕아지거나 날숨이 불쾌한 열기를 띠는 것을 느낄 수 있다. 몸의 변화는 알게 모르게 짜증을 불러일으키고, 집중력을 떨어뜨리며, 난폭하게 행동하도록 한다. 그래서 욕망을 품을수록 인격이 점점 망가져버리는 것이다.

실현되는 순간
허무해진다

"한없는 것, 그것이 바로 욕망이지."

일본의 싱어송라이터 이노우에 요스이井上陽水는 젊은 날 이렇게 노래했다. 인간의 끝없는 욕망은 오늘날까지 사람들 사이 끊임없이 회자되었다. 그러나 이에 대한 효과적인 대책을 내놓은 적은 손에 꼽을 듯하다. 억지로 욕망을 억눌러야 한다고 말할 생각은 없다. 그보다는 오히려 모든 욕망을 채워보라고 말하고 싶다. 그러다 보면 '이 욕망을 채우면 행복해지지 않을까?'라는 생각은 망상에 불과하다는 사실을 깨닫게 될 것이다.

종종 고등학교를 졸업하고 바로 취직한 사람이 '대학에만 갔더라도 더 행복했을 텐데….' 하고 상상 속 세계에 빠지는 것을 볼 수 있다. 그리고 그 망상에 자신의 아이를 끌어들여 어떻게든 좋은 대학에 보내려고 한다. 하지만 막상 자식이 대학에 들어가면 그다지 행복하지 않다는 허망감을 느끼게 되면서 망상도 줄어든다.

이때 마음은 다음과 같이 움직인다. 처음에는 욕망이 실현되지 않는 동안 원하는 것을 얻지 못하는 데서 오는 불쾌감을 자극적이고 기분 좋은 감정이라고 착각한다. 그러다 욕망이 실현되면 불쾌감이 사라지면서 순간적으로 쾌락을 느낀다. 하지만 그 뒤 새로운 자극이 생기지 않아 단숨에 무료해진다. 이것이 바로 허망감의 정체다.

욕망이 실현되지 않으면 고통받을 뿐만 아니라 '이 욕망만 실현되면 행복해질 텐데….'라는 망상에 사로잡힌다. 여기에는 반복되는 망상이 도사리고 있다. 지금 내가 행복하지 않은 이유는 '마법의 돌'을 손에 넣지 못한 탓이니 '마법의 돌만 손에 넣는다면 행복해질 텐데…' 하고 말이다.

　손쉽게 실현할 수 있는 욕망에서는 약한 자극밖에 생기지 않는다. 그래서 인간은 더 강한 자극을 추구하며 점점 더 실현하기 어려운 마법의 돌을 좇게 된다. 만약 마법의 돌이 자신의 실력과 재능에 맞지 않는 대단한 것이라면 죽을 때까지 손에 넣지 못한 채 속박당한다. '아직 손에 넣지 못했어, 이 얼마나 자극적인가!'라고 덧없는 쾌락을 느끼면서 자신의 몸과 마음을 계속 해친다.

　그러다 정작 마법의 돌을 손에 넣으면 '어라? 마법의 돌을 손에 넣었는데도 생각만큼 행복하지 않네.' 하고 깨닫게 된다. 마법의 돌은 그저 손에 넣을 수 없을 것 같아 자극적이기에 더욱 빛을 발했을 뿐이다. 욕망이 이루어진 순간 쾌락을 느끼지만, 고통이 주는 자극에서 해방된 순간에만 느껴질 뿐 금세 사라진다. 이때 마음을 잘 관찰하면 분명 허무함을 느낄 것이다. 이 순간이야말로 이치를 깨달을 기회다. 불도 관점에서 보면 욕망이 이루어지지 않았을 때보다 실현되었을 때가 그나마 낫다고 할 수 있다.

생각하지 말고
그냥 하라

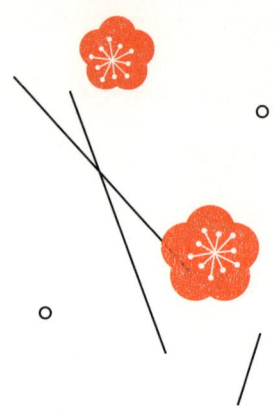

사람들은 어떤 일을 해내려면 욕망이라는 에너지가 필요하다고 하지만 이는 마음의 구조를 착각했기 때문이다. 예를 들어 이 책을 집필할 때 다른 사람에게 내가 말하는 내용을 타자로 쳐달라고 부탁했다고 치자.

이때 '이 일을 빨리 끝내고 싶어.' '얼른 책이 나왔으면 좋겠다.' '이거 끝내고 나서 뭐 할까?' 하는 바람을 품었다면 어떻게 되었을까. 잡념 때문에 판단력이 흐려지고, 마음이

요동치며, 일관된 사고를 할 수 없었을 것이다. 그 결과 책에 장황하거나 앞뒤가 맞지 않는 내용을 썼을 수도 있다. '이렇게 하고 싶어.' '저렇게 하고 싶어.' '그런 내가 되고 싶어.' 이러한 형태의 욕망은 눈앞에 놓인 해야 할 일에서 의식을 멀리 떼어놓으며 집중력을 잃게 한다.

불도에서는 종종 "먹고 싶다고 생각할 필요 없이 그저 먹으면 된다." "걷고 싶다고 생각할 필요 없이 그저 걸으면 된다."처럼 아리송한 말을 한다. 일도 마찬가지다. 일하고 싶다거나 일해야 한다고 생각하지 말고 아무 생각 없이 그냥 하면 훨씬 더 집중해서 알차게 일할 수 있다.

일을 시작하기 전에는 '이렇게 하고 싶어, 저렇게 하고 싶어.'라고 생각해도 상관없지만 일단 시작하면 눈앞에 놓인 일만 하나씩 확실하게 해내자. 그러면 쓸데없는 생각을 하거나 욕망으로 마음이 흐트러질 일이 없다. 잡념으로 마음이 흐트러지는 일이 없으니 스트레스도 전혀 받지 않는다. 스트레스를 받지 않으니 그 일을 오랫동안 계속해도 몸과 마음

모두 피곤한 줄 모를 것이다. 그저 무심하게 일하며 마음이 텅 빈 상태, 즉 '공空'을 유지한다면 만족감을 맛볼 수 있는 동시에 일에 대한 의욕도 유지할 수 있다.

    살면서 한 번쯤 스포츠에 빠져들어 잡념에서 해방되는 최고의 만족감을 맛본 적이 있을 것이다. 연습하는 것이 아무리 힘들어도 사람들을 스포츠에 빠지게 하는 동기는 이러한 강렬한 만족감에서 비롯된다고 생각한다. 반대로 경기에서 이기고 싶다거나 눈에 띄고 싶다는 잡념이 있으면 순발력과 판단력이 떨어져 승리를 거머쥐기 어렵다. 아무 생각 없이 빠져들 수 없어 기분 좋게 땀을 흘릴 수도 없다. 이는 일이나 스포츠에만 국한되지 않으며, 우리가 하는 모든 행위에 해당한다.

일은 보상이 아니라
그 자체로
즐거움이다

그럼 지금 하는 일을 끝내면 스스로에게 상을 주겠다는 소소한 욕망은 어떨까. 겉으로는 의욕이 나게 하는 것처럼 보일지라도, 길게 보면 스트레스를 늘리는 일이다.

    일을 끝내면 상을 줘야겠다는 생각을 한 이유는 무엇일까? 눈앞에 놓인 일이 하기 싫기 때문이다. 즐거운 일이거나 정말 하고 싶은 흥미로운 일이라면 그것을 하는 것만으로도 큰 만족감을 얻는다. 그러면 일을 끝낸 뒤 자신에게 상을 주겠다면서 해외여행을 가거나, 술을 진탕 마시거나, 맛있는 요리를 배 터지도록 먹고 싶은 마음이 들지 않는다. 일에 대해 스트레스를 느끼기에 그 스트레스를 얼버무리기 위해 다양한 욕망에 사로잡히는 것이다. 하지만 그런 식으로 스트레스를 해소하면 많은 시간과 체력을 잡아먹기 때문에 오히려 일에 해를 끼치는 셈이다.

<u>스스로 상을 주기로 약속한다고 해서 스트레스가 사라지지는 않는다. 그러기는커녕 이 일을 끝낸 뒤 뭔가를 하고 싶다는 욕망은 아무리 사소한 것이라도 실현하는 데 오랜 시간이 걸린다.</u> 이때 마음속에서 자꾸만 '이렇게 하고 싶어. 하지만 아직 못 했네. 얼른 하고 싶어. 그런데 아직도 못 했네.' 하는 신음 같은 충동이 계속 일어난다. 그러면서 자기도 모르는 사이에 끊임없이 새로운 스트레스가 쌓인다.

일할 의욕을 내고자 쓸데없이 궁리해서 욕망이라는 먹이를 주는 것은 길게 보면 일에 대한 의욕을 꺾는 셈이다. 따라서 그런 쓸데없는 일은 머릿속에서 밀어내고, 단순히 매

순간에 집중해 일을 해치우는 것이 가장 중요하다.

    그러나 마음을 다잡아도 무심코 '이 일을 무사히 마친 뒤 내가 원하는 대로 되면 좋겠다.' 하는 욕망에 빠질 수 있다. 이때 중요한 것은 이러한 잡념에 빠지더라도 최대한 빨리 그 사실을 알아차리고 억지로라도 의식을 다시 눈앞의 일로 끌고 오는 것이다. 그러다 의식이 또 다른 데로 흐르면 그 욕망을 억지로 밀어내고 의식을 그저 일하는 데로 되돌리기를 반복한다. 그러면 차츰 마음이 익숙해진다. 오롯이 집중되는 순간이 오면 그때 느낀 상쾌함과 만족감을 음미하고 '앞으로도 이렇게 잡념 없는 상태로 일하고 싶다.'라고 마음에 단단히 새겨두자.

    이는 운동선수가 의욕을 유지하는 원리와 같다. 최고의 만족감을 느낀 선수는 우승이라는 목적 때문이 아니라, 최고의 만족감을 다시 한번 느끼고 싶어서 한층 더 운동에 매진하게 되니 말이다.

일어서야 할 때 기력이 없고,

말만 대단할 뿐 게으르고,

품은 희망이 없어 항상 의욕이 떨어지고,

나태하고 울적한 사람은 지혜의 길을 모른다.

_『자설경(自說經)』31장 32번

마음에 물결을 일으키기 위해

떠오른 조잡하고 사소한 생각으로 가득해

마음이 흐트러진 사람은 계속 달린다.

_『자설경』31장 33번

지혜롭고 정진하며, 몸을 삼가고,

마음을 집중해 정신 통일로 재충전하며,

총명한 사람은 다시는 마음이 헤매지 않도록

마음속 쓸데없는 사고 기능을 모조리 버린다.

_『자설경』31장 34번

욕망은
아직 손에 넣지 못한 것이 주는
고통 때문에 생긴다.
그래서 욕망이 이루어질 때까지
내내 불쾌한 기분이 이어진다.

식탐,
얼마나 헛된 것인가

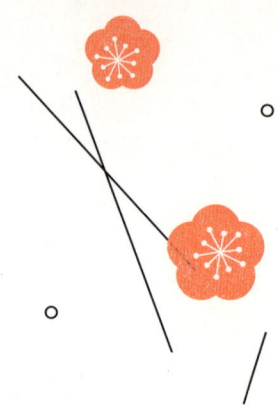

일상에서도 욕망의 본질에 대해 배울 계기는 얼마든지 있다. 우리가 욕망을 품을 때마다 욕망에 빠지면 마음이 어떻게 움직이는지를 추적하고 연구할 기회가 주어진다. 특히 통제하기 어려운 식욕을 보면 욕망이 얼마나 헛된 것인가를 알 수 있다.

나는 예전에 카페에서 사찰 음식을 만들었던 적이 있다. 지금도 절에서 식선食禪이라는 식사 예절을 지도한다. 그러다 보니 식사나 식욕에 대해 자주 상담을 했고, 그 과정에서 식욕은 헛된 것이라고 믿게 되었다.

현대인은 과식하고 싶지 않다고 생각하면서도 식욕을 억제하지 못해 음식을 많이 먹으면서 나날이 또 다른 스트레스를 쌓아간다. 여러 가지 스트레스가 식욕으로 발현돼 과식을 하게 되는 것이다. 이는 다이어트를 하고 싶은데 과식하는 여성에게만 해당하지 않는다. 일상생활에서 받은 스트레스를 해소하려고 음식을 필요 이상으로 먹는 바람에 뱃살이 두둑해진 남성도 많다.

예를 들어 '지금은 다이어트를 해야 하니 이만큼만 먹자.' 하고 먹는 양을 정했다고 하자. 외식하러 나갔다면 먹고

● 『법구경(法句經)』을 비롯한 여러 불교 경전에서는 삼독(三毒)인 욕망, 분노, 미혹을 각각 배고픔, 목마름, 취함에 비유해 설명한다. 이는 신체적 욕구인 식욕이 단순히 생존을 위한 것이 아니라 탐욕과 집착의 근본 원리와 같은 구조를 가지고 있음을 보여준다.

●● 음식으로 선(禪)의 정신을 생각하고 배우는 것.

싶은 양만 주문한다. 먹기 전 눈앞에 놓인 음식을 보고 '그래, 이 정도 양이 적당하지.' 하고 만족감을 느낄 수도 있다. 하지만 만족감이 오래가지 않는 일이 종종 있다. 먹기 전에 품은 욕망은 그 시점의 정신 상태에 따라 정해지기 때문이다. 그것은 어디까지나 먹기 전의 이야기다. 먹기 시작한 뒤 어떠한 번뇌가 생기는가에 따라 식욕은 계속 달라진다.

만약 먹기 시작한 시점에서 품은 욕망이 변함없이 일정하게 유지된다면 처음에 먹고 싶었던 양과 실제로 먹은 양이 일치해 만족할 것이다. 문제는 마음이 계속 바뀌면서 끊임없이 욕망이 늘어나거나 줄어드는 데 있다. 먹는 동안 욕망을 증폭시키는 요소가 더해지면 처음에는 3 정도 먹고 싶다는 생각으로 시작했어도 몇 분 지났을 무렵 9만큼 먹고 싶어진다. 그러면 9점으로 욕망이 증가했을 때, 처음에 먹고 싶었던 양을 다 먹더라도 '겨우 3점짜리 자극으로는 부족해!' 하는 마음이 든다. 그러고 나서 차이 나는 6점만큼 고통을 느낀다.

그러면 6점짜리 고통을 치유하기 위해 새로운 욕망이 생기고, 여기에 불이 붙으면 그다음에는 욕망이 18 정도로 부풀어 오른다. 이제는 아무리 많이 손에 넣어도, 아무리 많이 먹어도 멈출 수 없고 오직 고통만이 덮쳐 올 뿐이다.

욕망은 어떻게 식욕을 키우는가

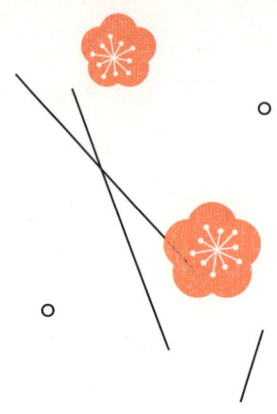

식사하면서 욕망이 증폭되는 무대의 뒤편을 생각해보자. 식사 중에 스트레스받는 일을 떠올리면 그 스트레스를 치유하고 싶은 욕망이 식욕으로 바뀌게 된다. 일상에서 받는 스트레스에는 다양한 욕망으로 분산되고 전환되는 회로가 갖추어져 있다. 식사 중에는 '먹는다' 또는 '마신다'와 같은 손쉬운 욕망 회로가 눈앞에 놓여 있다. 그래서 도장으로 계속 똑같이 찍어내듯이 모든 스트레스가 식욕 하나로 쏠린다.

식사를 하는 중 '아, 일하다 실수하고 말았어.' '내일도 똑같은 실수를 하면 어떡하지?' '그 사람 때문에 실수한 거야.'같이 마음에 부정적 에너지를 불태우면 그때마다 미묘한 스트레스가 발생해 식욕이 강해진다. 그러면 음식을 다 먹어도 이것만으로는 부족하다는 마음이 든다. 결국 냉장고에서 간편하게 먹을 수 있는 음식을 더 꺼내 오거나 디저트를 잔뜩 먹게 된다. 일단 이렇게 되면 식사는 현실에서 먹는 행위라기보다 상상 속에서 스트레스를 얼버무리는 행위가 되어 버린다. 그래서 만족감을 전혀 느낄 수 없게 된다.

게다가 원래는 '이만큼만 먹으면 만족할 거야.'라고 생각했었는데, 더 먹고 싶다는 마음이 들면서 쉽게 바뀌고 제어되지 않는 자신의 마음에 실망한다. 그러면 또 다른 스트레스를 받고 고통을 없애고 싶은 마음에 더 먹게 되면서 욕망은 더욱더 커진다.

욕망을 키우는 요인은 명백한 스트레스뿐만이 아니다. 식탁 위가 어질러져 있거나, 주방이 지저분하거나, 부엌이

너저분한 상황처럼 우리 눈앞에 거슬리는 잠재적 스트레스 요인이 있을 때도 식욕이 강해진다. 식욕은 주로 분노 에너지로 인해 강해지기 때문이다.

배를 채워도 채워지지 않는다

미혹 때문에 식욕이 강해지기도 한다. 미혹에 대해서는 뒤에 자세히 설명하겠지만, 한마디로 말하면 '지금 이 순간 눈앞에 놓인 현실에서 도피해 갈팡질팡 방황하는 에너지'다.

식사를 하면서 '내일은 뭐 할까?' '오, TV에 좋아하는 연예인이 나왔네.'와 같은 잡념에 사로잡히면 식사와 관련된 감각이 아닌 다른 데로 의식이 쏠린다. 그만큼 이 정도 먹었다는 실감도 줄어든다. 그러면 부족해진 실감을 보완하려고 또다시 욕망이 증폭된다.

　미혹에 사로잡혀 '지금 하는 일'에서 의식이 도망치는 데는 단순히 실감이 줄어드는 것 외에 다른 단점도 존재한다. 지금 하는 일을 실감하지 못할수록 일이 지루하게 느껴지는데, 이 역시 새로운 스트레스 요인이 된다.

　현대인은 수저를 번갈아 드는 소소한 신체 동작마저 귀찮아하며 최대한 줄이고 싶어 한다. 젓가락이나 그릇을 손에 든 채 식탁에 내려놓지 않고 먹는 광경을 곳곳에서 볼 수 있다. 이러한 식사법은 품위가 없어 보일 뿐만 아니라, 하나하나의 동작에 '귀찮고 지루하다'는 낙인을 찍는 셈이다. 지루함 때문에 의식이 산만해져 갈팡질팡 방황한 끝에 '오늘은 피곤해.' '내년 이맘때는 도대체 뭘 하고 있으려나?' 등 쓸데없는 생각을 하게 된다. 그리고 이것이 새로운 스트레스 요인으로 작용한다.

지금 먹는
한입에 몰두하라

온갖 요인에 따른 번뇌 때문에 스트레스가 늘어나면 도망치고 싶다는 충동 에너지도 점점 격해질 수밖에 없다. 도피하고 싶다는 충동도 끊임없이 식욕으로 바뀐다. 이때 입을 통해 다양한 것을 위에 집어넣는 행위 자체에 현실을 잊게 하는 효과가 있음을 간과해서는 안 된다. 먹는 순간 피가 위장 쪽으로 쏠려 머리가 멍해지고 생각을 많이 하지 않게 된다. 일시적으로 스트레스를 얼버무린 듯한 기분이 드는 것이다.

실제로 과식으로 고통받는 사람들과 이야기해보면 '먹는다'는 행위는 자신을 잊게 하는 효과가 있는 것 같다. 술을 마시며 도망치는 것 역시 같은 맥락이라고 할 수 있다. 하지만 이런 식으로 자신을 잊어봤자 그 행위가 미혹 에너지를 증폭시켜 새로운 스트레스를 초래할 뿐이다. 즉 가짜 해결법에 지나지 않는다. 똑같은 '자신을 잊는 법'이라면 '지금 해야 할 일'에 몰두함으로써 자신을 잊는 것이 낫지 않을까.

이를 위해서는 먼저 의식이 지금 해야 할 일, 즉 여기서는 식사에서 멀어지는 요인을 주의 깊게 없애는 데서 시작해야 한다. 예를 들면 식탁이나 방을 깨끗이 정돈해 평온한 마음으로 식사에 집중할 수 있는 환경을 갖춘다. 더불어 젓가락을 향해 움직이는 손 근육의 감각, 젓가락을 처음 들었을 때 손가락 끝에서 느껴지는 감각, 그릇에 손이 닿을 때 느껴지는 감각, 젓가락으로 음식을 집어 입으로 가져가는 신체동작과 그에 따라 느껴지는 감각 등 일거수일투족에 의식을 집중하고 통일한다. '지금 눈앞에 놓인 현실'에 의식을 붙들어 매는 데 성공하면 의식이 방황하는 일도 없어진다.

젓가락도 그릇도 주의 깊게 의식적인 동작으로 식탁에 내려놓으면 한입 한입 먹을 때 턱의 움직임이나 씹는 감촉, 특히 혀가 어떻게 움직이는지, 어떤 순간에 혀에서 어떤 촉감이 느껴지는지 등에 의식을 조금씩 집중한다. 그러면 씹어서 잘게 자른 음식물이 매 순간 혀에 주는 다양한 촉감을 생생하게 느낄 수 있다. 시각도, 청각도, 미각도, 촉각도 모두 입안에 집중한다는 듯이, 마치 그곳 말고는 아무것도 존재하지 않는다는 듯이 촉감에 집중한다. 이렇게 집중하다 보면 어떤 잡념도 생길 여지가 없다. 이때 마음이 텅 빈 듯한 느낌이 들면서 더할 나위 없는 만족감을 얻을 수 있고, 욕망 같은 조잡한 에너지는 완전히 사그라들 것이다.

말하고 싶은
욕망도
줄여라

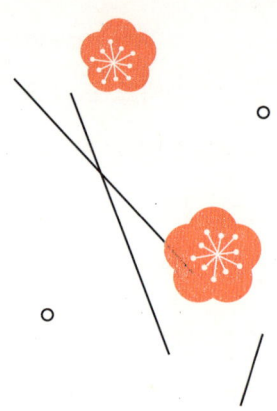

아침에 잠에서 깨어나 눈을 떴더니 침대 옆자리에 사랑스러운 사람이 있는 것을 봤을 때 드는 따뜻한 기분. 아직 잠이 완전히 깨지 않은 채 조곤조곤 몇 마디 건네며 기분 좋게 보내는 아침은 서로 신뢰하는 두 사람에게만 주어진 특권일지도 모른다.

그러나 눈을 뜨자마자 많은 이야기를 하고 싶어서 정적을 깨는 일도 있다. 인상 깊은 꿈을 꾼 경우가 전형적인 예일 것이다. 꿈을 꾸었다고 다짜고짜 말하기 시작하면 이야기가 길어지는 경우도 제법 있다.

상대방도 당신이 말하는 꿈 내용을 흥미로워한다면 다행이지만, 때로는 '오늘도 꿈 이야기가 시작됐구나. 아직 잠도 덜 깬 사람한테 이런 이야기를 해서 어쩌라는 거지?' 하는 표정으로 관심 없다는 듯이 듣고 있을지도 모른다. 그런 표정을 보면 '앗, 이런… 내 이야기만 계속했네.' 하는 생각이 들게 마련이다. 대부분은 이런 경우 죄책감이 들어서 얼버무리려 "그런데 너는 어떤 꿈 꿨어?"라고 되물으며 균형을 잡으려고 한다.

그러나 상대방이 자신이 꾼 꿈 이야기를 시작하더라도 좀처럼 귀를 기울일 수 없다. 나는 나대로 내가 꾼 꿈 내용에 대한 흥미나 상대방이 제대로 들어주지 않았던 일을 신경 쓰는 번뇌가 앞서기 때문이다. 상대방은 잠이 덜 깨 정적이 흐르던 시간을 파괴당했을 뿐만 아니라 '말하라길래 이야기했는데 들어주지 않다니…' 하고 씁쓸한 마음이 들게 된다. 이는 대화 중 생기는 '균형 맞추기 속임수'라고도 할 수 있다. 이처럼 곳곳에서 발생하는 소소한 속임수가 전 세계의 상쾌한 아침을 조금씩 망치고 있다.

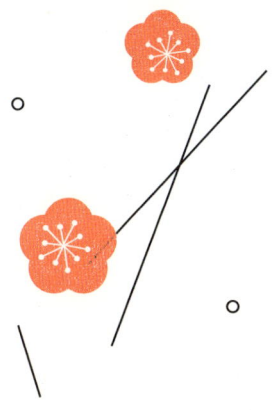

욕망을 누르고 들어라

상대방의 이야기를 들으려고 했는데 의식이 다른 곳에 가 있으면 결과적으로 '듣는 척'만 할 뿐인 속임수가 된다. 하지만 처음에 '더 이야기하고 싶었지만 내 이야기만 하면 안 되지. 상대방의 이야기도 들어볼까?'라고 느끼게 한 계기는 꼭 불순한 것만은 아니다.

문제는 '더 이야기하고 싶었지만'이라는 번뇌와 '상대방의 이야기도 들어볼까?'라는 상대방을 소중히 여기는 마음이 잘 섞이지 않고 각각 방치되어 있다는 데 있다. '사실은 더 이야기하고 싶은데….' '그래도 상대방의 이야기를 들어 줄까?' 하는 두 가지 마음으로 찢어진 채라면 오히려 대화는 서로에게 독이 될 뿐이다.

혼란한 상태를 내버려둔 채 무리해서 상대방의 이야기를 들으려 해도 결국은 내 이야기를 하고 싶다는 욕망이 이기고 만다. 의식 표면에서는 듣자고 생각하더라도 실제로는 건성으로 듣는다. 마음의 욕망인 '나! 나!' 하는 에너지를 억제하지 않는 한 듣는 척하는 사기꾼이 되는 것이 고작이다.

사기꾼이 되지 않으려면 모든 의식을 상대방의 이야기를 듣는 데 쏟아야 한다. 그러면 당신 자신의 이야기를 하고 싶다는 쓸데없는 욕망도 가라앉는다. 욕망이 어느 정도 가라앉아야 비로소 상대방의 말을 이해할 수 있고, 상대방은 자신이 이해받고 받아들여진다고 느낄 수 있다. 상대방이 그런 기분을 느끼면 당신도 덩달아 기분이 좋아진다.

최근에는 '잘 들어주는 사람'의 중요성을 여기저기서 마구잡이로 강조한다. 하지만 지침서를 읽고 잔재주 같은 기술을 익히는 것은 권장하지 않는다. 잘 들어주는 사람이라는 모습을 만드는 것보다 그 모습을 가능하게 하는 품위 있는 마음을 기르는 것이 일상을 훨씬 풍요롭게 만든다.

좋은 마음이
좋은 모습을
만든다

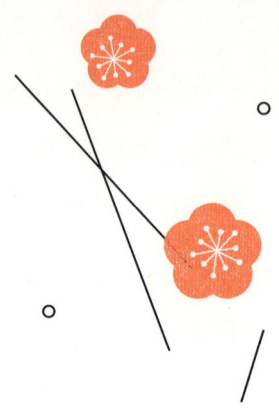

보이는 '모습'보다 보이지 않는 '마음'을 바꾸는 편이 더 유용하다고 하니 세상의 상식에 반하는 말처럼 들릴지도 모른다. 지침서를 읽고 무리해서 잘 들어주는 사람을 연기한 뒤 "이야기를 계속 들어주느라고 혼났어." 하고 다른 사람에게 푸념을 늘어놓고 싶어진다면 그 모습은 아마도 가짜일 것이다. 억지로 좋은 모습을 만들어도 마음이 일치하지 않으면 어딘가 일그러져 아름다워 보이지 않는다. 게다가 모습과 마음의 차이에서 오는 스트레스까지 계속 쌓인다.

반대로 좋은 마음을 만들면 좋은 모습은 자연스럽게 만들어지는 법이다. 자신을 우선하고 싶은 욕망만 억제되면 상대방 기분에 자연스럽게 동화될 수 있다. 더불어 상대방 이야기를 듣는 행위만으로는 스트레스를 받지도 않는다. 자신 위주의 에너지에 휩쓸려 지루한 이야기를 강요하고 싶은 욕망을 억제하는 것. 단순한 방법이지만 수많은 지침서에서 소개하는 자잘한 기술보다 실전에서 활용도가 훨씬 높고 어디에든 응용할 수 있다.

그렇게만 할 수 있다면 일부러 의식하지 않아도 어느새 잘 들어주는 사람이 되어 있을 것이다. 자연스럽게 잘 들어주는 사람이 되면 자연히 이야기도 잘하는 사람이 될 수 있다. 상대방이 하는 이야기에 귀 기울이고 흐름에 녹아들면서 자신이 어느 타이밍에 어떤 말을 하면 잘 맞아 들어갈지를 배우기 때문이다. 그러면 비로소 위트 넘치고 서로를 즐겁게 만드는 대화가 이루어진다.

나만 옳다는
집착에서
벗어나라

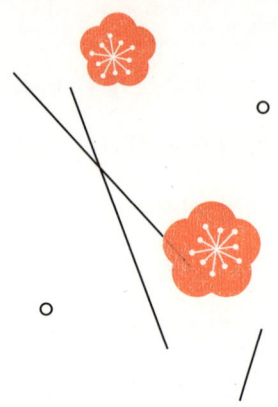

욕망은 수많은 번뇌의 원료가 되어 일상생활과 업무에 큰 손해를 입힌다. 그중에서도 성가신 것이 '주관見', 즉 자신의 의견과 주장에 매달리고 집착하는 번뇌다. 불도에서는 사람이 무언가를 느낀 순간 '내가 느낀 것은 옳아. 틀리지 않았어.'라고 믿는 습성을 지녔다고 여긴다.

예를 들어 어떤 영화를 보고 재미없다고 느낀다면 그 사람에게 그 영화는 재미없는 영화가 된다. 같은 영화를 한 번

더 봤다고 하자. 이번에는 재밌다고 느껴서 '재미있네. 전에 잘못 생각했구나.'라고 의견을 바꾸었다. 이때 역시 '전에는 재미없다고 잘못 생각했지만 사실 재미있는 영화였구나.'라는 생각이 옳다고 여기게 되었을 뿐이다. 여기에는 이전 생각이 틀렸다고 판단하더라도 현재 생각은 무조건 옳다고 여기게 되는 '함정'이 있다.

문제는 함정에 빠지는 동시에 "그 영화는 재미없었어."라고 말할 때, 암묵적으로 '내가 재미없다고 느꼈으니 다른 사람도 재미없다고 느껴야 해. 재미없다고 느끼지 않는다니, 너희가 틀렸어.'라는 의미가 내포되었다는 것이다. 겉으로는 '너에게는 재미있는 영화, 나에게는 재미없는 영화, 사람마다 다르게 느낄 테지.' 하고 이해하는 척해도 실제로는 그것으로 끝나지 않는다.

이처럼 의견이나 감상을 말할 때 반드시 '내 감상이 옳아. 너도 그 감상을 공유했으면 좋겠어.'라는 욕망이 숨어든다. 특히 무언가에 대해 비판적 의견을 말할 때는 상대방에게 자신의 의견이 옳다고 강요하고 다른 사람을 세뇌하려는 정도가 강해진다. 당연히 상대방은 그 뉘앙스를 눈치채고 자기 의견이 옳다고 집착한다. 그러면 두 사람 사이에 어색한 분위기가 감돌고 때로는 충돌이 일어나기도 한다.

설득에
매달리지 말라

함께 식사하는 사람에게 젓가락을 제대로 잡고 얌전하게 젓가락질하라고 주의를 준다고 하자. 사소한 일이라도 상대방의 실수를 정정해주면 두 사람의 관계가 개선되는지 묻는다면 대답은 '아니요'다.

의견을 말할 때는 그것을 관철하기 위한 이유, 즉 논리를 이용해야 한다. 게다가 상대방의 생각을 바꾸거나 설득하려 한다면 상대방의 논리를 무너뜨리기 위해 전략적인 생각을 정립할 필요가 있다. 그러려면 두뇌를 풀 가동해 엄청난 양의 에너지를 사용해야 한다.

의견을 말할 때 마음이 삐걱대고 시끄러워지는 이유는 에너지를 낭비해 마음이 피폐해지기 때문이다. '옳은 것은 무조건 좋아한다. 옳지 않은 것은 참을 수 없다.'라는 생각은 일종의 병이라고 봐도 된다. 이 병에 걸린 사람은 정말 '옳음'이 필요한 곳에서는 거짓말하거나 얼버무린다. 평소 쓸데없는 데서 승부를 내려고 에너지를 낭비하는 바람에 진짜 승부처, 가장 중대한 국면에서는 겁이 나 도망치는 것이다.

헛된 승부에 매달려 피폐해지지 않으려면 자신의 의견에 매달리는 습성에서 벗어나도록 노력하자. 남을 설득하는 데에 과한 에너지를 쏟지도 말자. 꼭 필요한 일이라면 때로는 의견을 말하는 것도 중요하다. 그러나 우리가 주위에 퍼뜨리는 의견은 대부분 쓸데없고 일종의 공해라고 해도 과언이 아니다.

욕망이라는
감옥에서
벗어나는 법

우리는 왜 이토록 자기 생각을 다른 사람에게 전하고 이해받고 싶어 할까. 느낀 것을 함께 나누고 싶고 이해받고 싶다는 충동의 이면에는 두 가지 요소가 존재한다. 하나는 상대방을 물들이고자 하는 점령 욕구이고, 다른 하나는 '누군가 고독한 나를 이해하고 받아들이지 않겠어요?' 하는 외로움이다.

'의견 감옥'에 갇혀 있는 한 사람들과 진심으로 이해하고 소통하기 힘들다. 서로 이해한다고 생각하고 대화를 나누어도 사실은 통하지 않았다는 것을 모두가 느낀다. 그렇기에 누구나 마음속 깊은 곳에 견딜 수 없는 외로움을 품고 있다. 아이러니하게도 외로움에 사로잡혀 다른 사람에게 자기 의견을 이해받으려 발버둥 칠수록 우리가 갇힌 의견 감옥은 더욱 견고해지고 우리의 외로움은 커진다.

반대로 의견을 50퍼센트 줄이면 그만큼 다른 사람과 서로 통하고 외로움도 50퍼센트 줄어든다. 주관 번뇌를 70퍼센트 줄이면 탈옥하기 쉽고 외로움도 70퍼센트 줄어든다.

이처럼 조금이라도 욕망을 희석할 수 있는 방법은 의견 감옥에서 빠져나와 다른 사람과 서로 통하는 것이다.

지금 눈앞에 놓인 현실에 의식을 붙들어 매라.
밥을 먹는 그 한입에,
젓가락을 드는 그 손가락에,
턱과 혀의 움직임에 집중하라.
시각도, 청각도, 미각도, 촉각도
모두 입안에 집중한다는 듯이.
이렇게 집중하면 어떤 잡념도 끼어들지 못한다.
마음이 텅 빈 듯한 느낌,
그 속에 욕망 같은 조잡한 에너지는
완전히 사그라들 것이다.

2장 | 분노는 그대를 해친다

분노는 우리를
꼭두각시 인형처럼 지배하고
마음의 자유, 말의 자유, 몸의 자유를 빼앗는다.

분노,
몸과 마음을
망가뜨리는
악순환의 고리

분노라는 번뇌는 불쾌감에 반응해 눈앞에서 없애고 싶고, 밀어내고 싶고, 소멸시키고 싶다고 생각하게 하는 반발 에너지다. 욕망이 끌어당기려고 하는 에너지인 데 반해 분노는 밀어내려고 하는 에너지라 할 수 있다. 온갖 번뇌 중 어떤 해를 끼치는지 가장 쉽게 알 수 있는 것이 분노다.

격하게 화낼 때 우리는 가슴이 와들와들 떨리거나 미간이 경직되어 아프기도 하고, 눈물이 나오는 등 스스로 제어

할 수 없는 몸의 반응을 느낀다. 분노 에너지에 휘말리면 마음이 불쾌 물질을 만들어내기 때문이다. 이렇게 설명하면 믿기 어려울 수 있다. 그렇다면 분노를 느낄 때 뇌에 신호가 전달되어 노르아드레날린이 분비된다는 과학적인 설명을 하면 납득할 수 있을까?

어떻게 설명하든 간에 새로운 마음 에너지가 생길 때마다 새로운 물질이 생겨 몸을 재편성한다는 것은 불도의 기본 개념이다. 선禪 명상을 자주 하고 일상생활에서 신체감각과 마음의 움직임을 추적하는 데 익숙해지면 분노가 일어날 때 체내를 돌아다니는 노르아드레날린이나 아드레날린 같은 물질을 심안心眼으로 보는 듯 생생히 느낄 수 있다.

세상에는 분노로 인한 고통을 원동력 삼아 경쟁하거나

호흡·감각·생각 등의 흐름을 고요히 관찰하며 마음의 자동 반응을 자각하고 다스리는 명상. 감정과 신체 반응을 있는 그대로 바라보는 통찰 수행의 바탕이 된다.

싸우거나 일에 몰두하는 사람이 많다. 그러나 그 때문에 분비되는 불쾌 물질이 스트레스가 되어 몸과 마음에 큰 부담을 준다. 그뿐만 아니라 그동안 쌓아놓은 좋은 에너지도 사라져버리기에 그 사람이 본래 갖고 있던 세심한 마음의 작용도 망가져간다.

격한 분노가 아닌 사소한 일로 불쾌해졌을 때도 정도 차이는 있지만 몸에서 이런 생화학적 반응이 일어난다. 분노는 자기장 역할을 하며 상대방도 끌어들인다. 상대방의 마음을 굳게 해 짜증을 불러오도록 한다. 그래서 나 또한 분노가 더욱 치밀어 오르는 악순환으로 이어진다.

왜 그토록
화가 치미는가

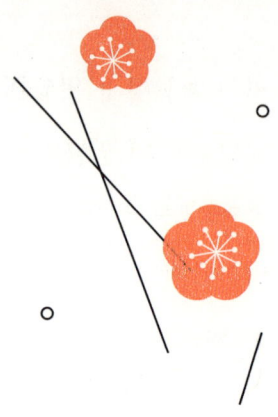

아무 쓸모도 없는 분노 에너지는 왜 생겨나는 것일까? 분노는 호통친다거나 나무라는 등의 행동으로 나타나지만, 전 단계에서 마음은 벌컥 하거나 짜증을 낸다. 기분이 언짢아지는 것이 바로 분노의 시작이다.

그럼 우리는 언제 기분이 나빠질까. 흥미롭게도 사람 때문인 경우가 많다. 예를 들어 더운 날에는 더워서 짜증을 내는 사람이 많다. 단순히 덥다는 자연현상뿐만 아니라, 건물

관리 담당자가 실수해 에어컨이 고장 났을 경우 더 짜증이 난다. 자연현상일 때는 그냥 받아들일 수 있어도 상대가 사람일 때는 '신경 써서 대응할 수 있었을 텐데, 하필 나한테 이런 피해를 주다니!'라고 느끼기 때문이다.

불합리할 정도로 엄청난 양의 일을 받아 화가 치밀어 올랐을 때를 생각해보자. 기분이 언짢은 이유를 '업무량이 증가해서 힘들어!' 또는 '나한테만 시키다니. 나를 업신여기는 게 틀림없어.' 중 하나로 추정할 수 있다. 첫 번째 이유는 더워서 힘들다는 생각과 마찬가지로 그것만으로 크게 분노할 일은 없다. 아무리 양이 많아도 자신의 책임에 따라 맡은 일이라면 그렇게까지 화낼 일 없이 임할 수 있을 것이다. 그러나 두 번째 이유가 더해짐으로써 분노는 격렬하게 증폭된다. 즉 '다른 사람도 아니고 하필 왜 나한테 그러는 거야?' '하는 게 당연하다는 식으로 부탁하는 것은 실례지.' 등 상대가 사람일 때는 자신이 부당한 대접을 받았다고 느끼기 때문에 화가 치밀어 오르거나 기분이 나빠진다.

화가
그대를
지배하게 두지 말라

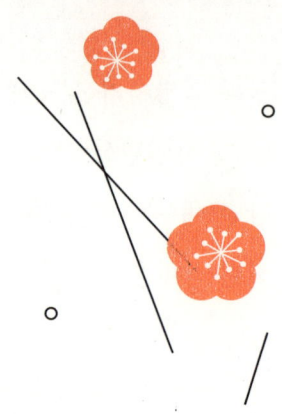

화가 치밀어 오르는 것과 그렇지 않은 것 중 어느 쪽이 행복한지 따진다면 당연히 화가 나지 않는 편이 행복하다. 많은 사람이 화가 치밀어 오르면 괴로우니까 가능하면 화내고 싶지 않다고 생각한다. 그런데도 "머리로는 알지만 멈출 수 없어."라는 말처럼 기분이 나빠져 자기 자신에게 피해를 주는 이유는 무엇일까.

바로 분노라는 감정이 마음에 전기 충격 같은 강한 자극을 주기 때문이다. 분노에 빠져 허우적대는 동안에는 이전에 느끼던 온갖 불쾌한 일이나 스트레스가 마비된다. 괴로움, 만족감 결여, 재미없음, 비참함 같은 스트레스를 일시적으로 느끼지 않게 되는 것이다.

그러면 기쁨을 느끼면서 분노가 심신에 손상을 주고 있음을 자각하지 못한다. 그래서 마음은 화를 내는 것이 이득이라고 착각한다. 이러한 착각은 강력한 프로그램으로 마음에 설치된다. 화가 치밀어 오르면 좋지 않다는 얕은 지식으로는 도저히 당해낼 수 없다.

사람 때문에 불쾌감을 느낄 때 분노의 정도가 약해 마음 속에 머물러 있으면 자기 자신에게 해를 끼칠 뿐이다. 그러나 분노가 강해지면 마음은 '분노를 발산해 스트레스를 더욱 마비시켜라!'라는 지령을 내린다. 그러면 말이 빨라지거나 공격적으로 변하기도 하고, 표정이 굳어 상대방을 불쾌하게 만들 수도 있다. 만약 누군가가 엄청난 양의 일을 부탁했다면 일일 뿐이라고 깨끗이 받아들이지 못하고 즐겁게 대화하려 해도 마음대로 되지 않아 서로 불쾌한 시간을 보낼 수도 있다. 이처럼 분노는 우리를 꼭두각시 인형처럼 지배하고 마음의 자유, 말의 자유, 몸의 자유를 빼앗는다.

분노가
힘이 된다는
오해

1장에서 마음은 욕망이 실현되지 않는 데서 비롯된 자극을 쾌락으로 착각한다고 이야기했다. 분노에 대해서도 같은 일이 일어난다. 엄청난 양의 일을 강요받든, 자신에게 무례하게 대했든, 그런 취급을 받는 데는 나름의 이유가 있다.

왠지 모르게 함께 있고 싶지 않다고 느껴지거나 시비를 걸고 싶어지는 사람이 있다. 반대로 상냥하게 대하고 싶다는 생각이 드는 사람도 있다. 이렇듯 누군가가 당신에게 엄청난 양의 일을 강요한 이유는 자신의 마음에 자극받아 '이 녀석에게 일을 떠넘겨주겠어.'라는 생각을 했기 때문이다.

사람들은 이런 일을 당했을 때 자신에게 상대의 나쁜 부분을 끌어내는 성질이 있다고 생각하고 싶어 하지 않는다. 자신의 이미지를 끌어내리는 것이기 때문이다. 그래서 자신이 이러한 일을 당하는 것이 당연하다는 인식에서 도피하기 위해 상대방에 대해 '정말 못된 사람이구나!'라고 화내는 것이다.

살아간다는 것은 자신이 어떤 일을 당해도 마땅한지 아침부터 밤까지 실감하게 되는 게임 같은 것이다. 실감하는 계기를 전부 보고도 보지 않은 척하며 송두리째 '없던 일'로 만들려는 것이 화를 내는 본질적 이유다.

상대방에게 '이 사람은 존경심을 지니고 대하지 않아도 된다'고 생각하게 만드는 자신의 모습을 보지 않는다. 그 대신 상대방을 '자신에 대한 존경심이 부족한 쓸모없고 어리석은 인간'이라고 생각한다. 그러면 '이런 어리석은 놈과 달리 나는 훌륭한 사람이야.'라는 환각에 빠져 기분이 좋아진다. 문제는 좋은 기분은 뇌의 착각일 뿐, 실제로는 스트레스가 늘어나 몸에 손상을 입고 있다는 점이다. 분노 때문에 고통이 늘어나는데도 마음이 기분 좋다고 착각하기 때문에 화를 멈출 수 없게 된다.

게다가 여기에는 약간의 속임수가 작용한다. 화를 낸 순간에는 분노로 인한 손상을 느낄 수 없다. 화를 내면 가슴이 두근두근하고 온몸에 힘이 넘쳐 건강해진 것처럼 느끼는 사람도 있다. 화가 나서 책상을 탁 내려치면 평소보다 강한 힘을 낼 수 있다. 순간적으로 힘이 솟고, 그 힘으로 사람을 때리거나 물건을 부술 수 있다. 그러나 그것은 몸이 불쾌 물질로 인한 자극에 반응해 흥분 상태에 빠졌기 때문이다. 불쾌 물질이 주는 충격을 에너지 삼아 움직이고 있을 뿐이기에 일순간 기운이 나는 듯하다가 축 가라앉는 피로와 고통이 남는다. 그리고 그것이 점점 쌓여간다.

욕망이 사람을 기운 나게 하는 것이 환상이었듯, 분노 또한 사람을 기운 나게 하기는커녕 길게 보면 고통을 더할 뿐이다.

사랑받고 싶다는 어린아이 같은 욕망

엄청난 양의 일을 강요당해 부당한 대우를 받았다고 느끼면 화가 치밀어 오른다. 이러한 마음의 뿌리에는 '이 사람은 나를 사랑하지 않아.'라는 생각이 자리 잡고 있다. 여기에는 사랑받고 싶다거나 모두에게 사랑받아 마땅하다는 근거 없는 욕망이 담겨 있다. 따라서 욕망이 충족되지 않아 분노가 치밀어 오르는 것이라고 할 수 있다.

마음의 표면에는 '이런 사람은 정말 싫어!'라고 생각하면서 사실 상대가 자신을 소중히 여기고 애정을 쏟아주기를 바라는 것은 어린아이 같은 욕망이다. 화내는 행위는 자신이 어리광쟁이 같은 성격임을 폭로하는 셈이다.

얼마 전 육아 중인 여성과 이야기할 기회가 있었다. 그녀는 "애들은 졸리다는 이유만으로도 큰 소리로 울어대고 '재워줘!' 하고 요구해요. 잠을 자고 싶으면 알아서 자면 좋을 텐데 말이에요."라고 이야기했다. 여자의 말에 진리가 담겨 있다. 아기의 소망은 '잠들고 싶어!'가 아니라 '내가 졸리다는 사실을 헤아려라. 나를 왕처럼 대하고 재워라. 그러면 나는 당신들이 애정을 쏟고 있음을 느끼고 안심해 잠들어주겠다.'라는 것이다. 아이는 소망이 바로 이루어지지 않으면 '나 졸려. 좀 알아채줘.' 하고 화를 내며 큰 소리로 운다. 엄청난 양의 일을 강요당해 화가 치밀어 오르는 것도 마음이 이와 똑같은 식으로 작용하기 때문이다.

사회적 지위가 높은 사람일수록 병원 등에서 자기 차례를 기다릴 때 "왜 이렇게 사람을 기다리게 하는 거야?" 하고 화를 낸다. 이는 처음 보는 의사나 간호사, 접수 담당자에게 특별 대우를 받고 싶다는 욕망 때문이다. 표면적으로는 '기다리느라 귀중한 시간을 손해 보는 게 싫어!'라고 생각할지라도 본질은 재워주지 않아서 칭얼대는 아기와 똑같다.

게다가 이렇게 화내는 사람은 설령 주위 사람들이 지위에 걸맞게 대해주더라도 '이 사람들은 내 지위 때문에 잘 대해줄 뿐이겠지.' 하는 생각을 떨쳐버릴 수 없다. '만약 지위를 잃으면 지금처럼 잘 대해주지 않을 거야.'라는 불안감이 항상 따라다닌다. 그 불안을 마비시키기 위해 제멋대로 굴며 다른 사람에게 화를 내고, 자신의 몸과 마음에 더 심한 손상을 주게 된다.

행복을 바라면서
정반대로
행동하지 말라

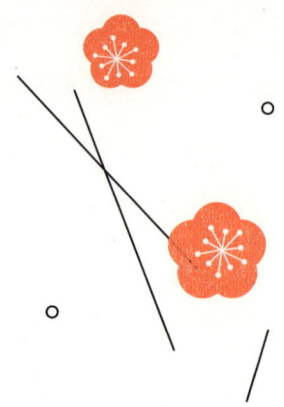

우리가 행복한가를 결정하는 요소 중 하나는 '화가 치밀어 오르는가, 아니면 치밀어 오르지 않고 끝나는가'가 아닐까. 소득이 월등히 높고 사회적으로 성공을 거두어도, 아무리 인간관계가 좋아도, 비싼 물건을 많이 사도 화가 치밀어 오르는 분노가 마음을 지배하는 한 결코 행복해질 수 없다.

불도에 정진하기 위해 출가해 법복을 몸에 둘러본들, '그것이 마음에 들지 않아.' '저것도 잘못되었어.' 하고 화만

내고 있으면 마찬가지다. 아무리 대단한 지식을 갖추었더라도 '저 종교는 잘못되었어, 사이비야.' 하고 트집을 잡는다면 불행할 것이다.

세상에는 막연히 행복해지고 싶다고 생각하는 사람이 많다. 그런 상황에서도 행복을 파괴하는 분노를 계속 만들어 내곤 한다. 많은 사람이 행복이 무엇인지 전혀 이해하지 못한다. 행복해지고 싶다고 바라면서 실제로는 자신이 어떻게 되고 싶은지 모른다고도 할 수 있다.

당신의 마음에 장착된 분노 프로그램은 다음과 같이 정리할 수 있다. 화를 내며 스트레스를 마비시킴으로써 마음이 '기분 좋다'는 환각을 느낀다 → 한순간 기운이 난다고 착각한다 → 마음이 사사건건 '화내라. 화를 내면 기분이 좋아질 테니 날뛰어라!' 하고 몰아넣는다.

이 악순환을 극복하는 것, 즉 화를 제어하려면 프로그램의 구조를 이해하고, 환각의 사슬을 끊고, 분노가 초래하는 해악을 깨달아야 한다. 그러면 더는 화낼 일이 없다. 그것이야말로 괴로움을 없애고 행복에 이르는 불도의 길이라고 할 수 있다.

불교에서는 괴로움을 없애고 해탈에 이르는 길로 '팔정도(八正道)'를 제시한다. 이는 올바르게 보고, 생각하고, 말하고, 행동하고, 생활하고, 노력하고, 알아차리고, 집중하는 여덟 가지 실천을 통해 번뇌에서 벗어나는 수행이다.

분노는 자기장처럼 내 몸뿐 아니라
상대방도 거칠게 끌어들인다.
상대방의 마음을 굳게 하고 짜증을 불러온다.
이로 인해 나 역시 분노가 치밀어 오르는
끝없는 악순환을 만든다.

쓰면 쓸수록
늘어나는
분노 에너지

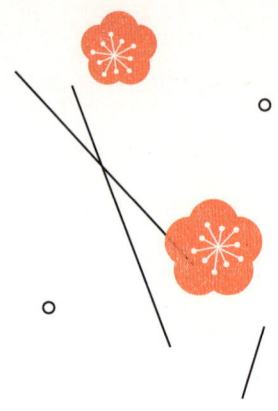

그럼 분노 에너지에 대해 생각해보자. 남녀 두 사람이 함께 외출해 여자의 생일 선물로 옷을 고르려고 한다. 여자가 마음에 들어 하는 옷이 있다. 슬쩍 가격표를 확인해보니 예산을 훌쩍 넘어서 남자는 깜짝 놀랐다. 그는 "그것보다 이 옷이 너한테 더 잘 어울리지 않을까?"라고 말하며 더 저렴한 옷을 권했다. "그 옷은 너무 비싸니까 포기해."라고 솔직히 말하면 자존심이 상하기에 다른 옷이 더 어울린다는 핑계를 대며 인색함을 감추려 한 것이다.

하지만 인색하게 구는 번뇌의 파동은 금세 여자에게 전해졌다. 남자가 자신을 위해 다른 옷이 어울린다고 하는 말을 들으면 여자로서는 "저 옷이 더 마음에 들어."라고 말하기 불편해진다. 그다음에는 감정에 족쇄가 채워진 듯한 느낌이 들어 기분이 나빠진다.

이처럼 기분이 좋지 않을 때 작용하는 것이 분노 에너지다. 여자는 인색하게 구는 상대방 때문에 생겨난 마음의 파동에 분노라는 첨가물을 더해 '나를 소중히 여기지 않아. 비싼 물건을 선물할 가치가 없다고 생각해. 너무 슬픈 일인데?'라는 이야기를 만들어낸다. 그러면 더욱더 슬프고 짜증 나는 기분이 든다.

분노 에너지는 순식간에 상대방에게 전염되고 점점 증폭된다. 아무것도 없는 곳에서 갑자기 분노가 타오르지는 않는다. 그동안 쌓아온 분노 에너지가 불씨가 된다. 화를 냄으로써 분노라는 감정이 잠재의식에 각인돼 분노 에너지의 총량이 늘어난다.

분노 에너지는 석유 같은 연료와 달리 사용할수록 늘어나는 특징이 있다. 분노 에너지의 총량이 늘어나면 사소한 것에도 자신도 모르게 불쾌감을 느끼고 반발하게 된다.

슬픔도, 외로움도 결국 분노다

분노 에너지는 무엇인가에 대해 싫다고 느끼는 반발 에너지라고 설명했다. 사실 분노 에너지가 지배하는 감정은 사람들이 일반적으로 생각하는 것보다 범주가 훨씬 넓으므로 주의해야 한다. 앞의 예에서 여자가 슬프다는 감정을 느꼈다고 했는데, 이 감정도 현재 상황에 대해 반발하는 에너지이므로 분노에 포함된다.

우리는 옛날부터 슬픔, 외로움, 허무함처럼 아련한 감정은 서정적이고 미적이며 꼭 나쁜 것만은 아니라고 여겨왔다. 인간은 사물을 복잡하게 만드는 것을 좋아하기 때문에 감정을 너무 복잡하게 생각한다. 그러나 실제로는 이러한 모든 감정은 부정적 분노 에너지에 사로잡혀 있다는 점에서 똑같다. 고민이든, 외로움이든, 슬픔이든, 죽이고 싶을 정도의 분노든 잠재의식에 축적되는 에너지의 종류는 같다. 그리고 그 감정을 만들면서 생겨나는 생화학적 불쾌 물질의 종류도 같다.

이 사실을 모르고 '분노는 안 되지만 외로움이나 슬픔은 아름다운 감정이니까 괜찮아.'라고 생각하면 굉장히 위험하다. 외로움이나 슬픔에 빠질 때마다 분노 에너지가 커지기 때문이다. 에너지가 밖으로 향하면 화를 잘 내고, 안으로 향하면 불안에 휩싸이거나 지나치게 자신을 책망하게 된다. 이처럼 표현의 방식은 다양하지만, 어느 쪽이든 좋지 않은 결과를 초래하는 원료가 된다.

불평불만은 나를 태우는 불씨가 된다

분노 에너지의 양을 늘리지 않으려면 평소 불만이나 불평을 느끼지 않도록 마음을 제어하는 것이 중요하다. '이 선물은 비싸서 마음에 안 들어.'라고 인색한 에너지를 불태우면 분노 에너지가 증폭된다. 남자의 인색함에 슬퍼하는 여자도 스스로를 괴롭히며 분노 에너지를 늘린다.

남자가 값싼 옷을 가리키며 "저 옷이 너한테 더 잘 어울려." 하고 변명하는 모습을 보고 '그럴지도 모르지만 촉감은 아까 옷이 훨씬 좋아!' 하고 흥정하는 욕망에 사로잡히면 마음이 긴장되고 스트레스도 받고 나쁜 에너지가 쌓인다. 어두워진 여자의 표정을 본 남자가 마음속으로 '선물을 사주겠다는데 바라는 것도 많군.' 하고 비난하면 역시 분노 에너지가 늘어난다. 혹은 어두워진 여자의 표정을 보고 '인색하게 구는 마음을 들켰구나.' 하는 생각에 자존심 상하고 불쾌한 기분이 들어도 분노 에너지가 늘어난다.

　이처럼 분노 에너지가 서로 활성화되면 무엇을 봐도, 어떤 말을 들어도, 어떤 음식을 먹어도 분노 에너지에 휩싸여 즐거운 일도 고통으로 받아들일 수 있다. 그날 밤 생일을 축하하며 고급스러운 저녁 식사를 하러 가도 남자는 자존심이 상해 짜증이 나고, 여자는 슬픔 때문에 짜증이 난다. 두 사람 모두 분노라는 이름의 상상 속 이야기에 틀어박혀 눈앞의 생생한 감각을 맛볼 수 없다.

　물론 시간이 지나면 짜증이 사그라들고 평온한 일상이 돌아온다. 하지만 분노 에너지가 새롭게 생긴 감정에 밀려 마음 안쪽에 있는 잠재의식에 가라앉아 보이지 않을 뿐이다. 실제로는 잠재적인 짜증 에너지로 남아 있기 때문에 계기가 생기면 다시 불이 붙어 좋지 않은 결과를 초래한다.

괜한 상상이
분노를 키운다

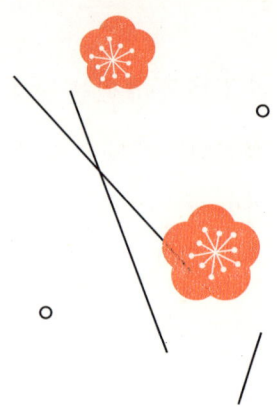

분노가 당신을 불태우지 않게 하려면 상상 속 이야기가 완성되기 전에 이야기를 중단하거나 고쳐 써야 한다. 앞에서 예로 든 여자는 남자의 인색한 마음을 어렴풋이 느끼고, 자신을 소중히 여기지 않는다는 이야기를 만들어서 비극을 연기했다.

하지만 남자의 인색함 배후에 있는 분노 에너지를 관찰할 수 있다면 상상 속 이야기는 다시 쓰인다. 남자의 불안한 표정을 살펴보자. 그는 '이렇게 비싼 옷을 사달라고 하면 곤란한데….' 하고 두근거리며 인색한 번뇌로 인한 손상을 입는다. 동시에 다른 옷이 더 잘 어울릴 것 같다고 거짓말한 탓에 마음의 정보처리에 부하가 걸렸다. 사실과 반대되는 말을 하려면 생각을 억지로 만들어야 하기 때문에 마음에 큰 부담이 된다.

이처럼 남자의 표정을 잘 관찰해보면 그가 모든 것에 스트레스를 받는 불쌍한 사람임을 알게 된다. 그것만 이해하면 자신이 슬퍼하거나 삐쳐서 상대방의 스트레스를 더 키우면 안 되겠다는 마음으로 이야기를 고쳐 쓸 수 있을 것이다.

그러면 상대방에 대한 마음에 여유가 생겨 평온함을 유지할 수 있고 몸과 마음 모두 편안해진다. 비싼 옷을 선물받지 못해도 슬퍼하며 분노 에너지를 늘리는 불행에 빠지지 않고, 반대로 상대가 주는 선물을 순수하게 기뻐하며 행복감을 맛볼 수 있다. 그 모습을 보면 상대방도 행복해질 수밖에 없다.

열쇠를 쥐고 있는 사람은 먼저 자비로운 마음*을 만들어 자신의 분노 에너지를 없앤 여자다. 상대의 인색한 분노 에너지에 영향받지 않고 자비로운 마음으로 넘길 수 있다면 자신도 상대방도 행복하게 하는 주도권을 잡을 수 있다. 이처럼 자비로운 마음으로 나쁜 감정을 받아넘기는 정신적 기술에 대해서는 마지막 장에서 자세히 설명하겠다.

---

* 불교에서 자비는 고통을 없애고 행복을 더해주려는 마음을 뜻한다. 자(慈)는 타인에게 행복을 주려는 마음, 비(悲)는 타인의 고통을 덜어주려는 마음이다.

분노를
다스리는
부처의 지혜

상상 속 이야기를 초기에 고쳐 쓰지 못해 분노 시스템이 완성되는 일도 있다. 분노를 다루는 대중적 방법에는 두 가지가 있다. 하나는 참고 억압하는 방식이고, 다른 하나는 분노는 인간의 자연스러운 감정이며 억압하는 것은 바람직하지 않다고 여겨 다른 데 푸는 방식이다. 불도의 관점에서 보면 둘 다 잘못된 대처법이다.

분노를 억제하면 의식의 수면 아래에서 스트레스가 쌓

여 나중에 폭발해 몸과 마음에 큰 손상을 입힌다. 그렇다고 분노를 발산해 다른 데 풀면 앞서 이야기한 대로 잠깐은 개운한 기분이 들지라도, 곧 분노가 초래하는 고통이 마음속 깊은 곳에서 떠오른다. 다른 사람에게 끊임없이 짜증을 내고 공격적으로 굴거나 불안이나 자기혐오에 빠진다. 중요한 것은 '억압한다/발산한다' 이전에 벌컥 화내지 않도록 자기 마음을 잘 감시하는 것이다. 마음을 감시하는 방법에 대해서는 5장에서 이야기하겠다.

화가 날 때는 억압도 발산도 하지 말고 분노라는 감정을 객관적으로 바라보고 평온하게 받아들이자. 자신의 마음을 '그래, 내가 화가 났구나!' 하는 식으로 바라보고, 분노에 점령된 마음을 객관적으로 보는 것이다. 그러면 '바라보고 있는 자신의 마음'과 '관찰되고 있는 분노'가 분리되어 갑자기 술이 깬 것처럼 화가 서서히 진정된다.

좀 더 쉽게 행동에 옮길 수 있도록 다음과 같은 방법을 권한다. 다른 사람의 말에 화가 나면 그 분노의 내용을 괄호

안에 넣어 '(   )라고 생각하고 있군.'이라고 마음속으로 읊조리는 것이다. 예를 들어 '나 지금 (그런 식으로 말할 것 없잖아!)라고 생각하고 있구나.' 하는 식으로 생각하다 보면 그 감정이 사실이 아니며 그저 머릿속에서 만들어낸 잡념일 뿐이라는 사실을 문득 깨닫는다. '뭐야, 그저 내가 생각하고 있을 뿐인 머릿속의 환상이구나!' 하고 말이다.

그리고 잇달아 두 번 세 번 같은 말을 되뇌다 보면 아기가 떼쓰듯이 화내고 있는 내 모습이 바람직하지 않음을 깨닫게 된다. 이처럼 분노와 자신을 분리하면 분노가 완전히 가라앉고 이내 사라진다.

타인의 번뇌를
미워하는
마음

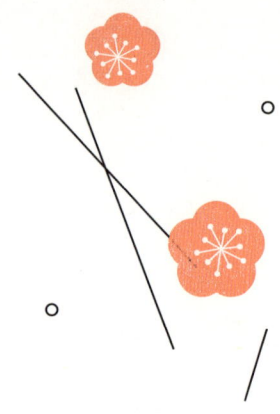

이제 분노 에너지를 줄여나가는 것이 얼마나 중요한지 이해했을 것이다. 그런데 한 가지 문제가 있다. '아, 저 사람은 애정이 있는 척하지만 실제로는 대가를 바라는 욕망 때문에 저렇게 행동하는 거군. 추잡해.' 또는 '아, 저 사람은 말은 번지르르하지만 실제로는 화내고 있을 뿐이잖아. 대단할 것 없는 녀석이네.' '친절하게 대해주는 데는 무언가 속셈이 있는 게 틀림없어. 이런 사람과는 더는 만나고 싶지 않아.' 등 번뇌의 구조를 조금 알면 무심코 다른 사람의 번뇌를 찾아내 공격해서 분노 에너지를 불태워버리는 사람들이 있다.

원래 인간은 자신의 번뇌는 좋아하지만 다른 사람의 번뇌는 싫어하는, 굉장히 제멋대로이고 귀찮은 프로그램에 조종당한 채 살아간다. 타인의 욕망은 자신에게서 무언가를 빼앗으려 하니 반가울 리 없다. 타인의 분노는 자신을 밀어내고 공격하는 에너지이니 역시 반가울 리 없는 게 당연하다. 타인의 번뇌를 자신의 분노로 공격하고 싶어지는 것은 스스로를 지키려는 방어 반응이다.

그러나 이를 위한 수단으로 이용되는 분노 에너지는 그 사람 자신을 내부에서부터 불태우고 방어는커녕 또 다른 고통 속으로 끌어내린다. 번뇌에 대한 증오는 번뇌에 대한 번뇌, 악에 대한 악이라고 할 수 있다. 『법구경』에서도 다음과 같이 말한다.

**사람은 타인의 악을 집요하게 찾아내고 말을 퍼뜨린다.
그리고 자신의 악은 숨겨버린다.**

마치 사기꾼이 도박에서 불리한 주사위 눈을 속이듯이.

_『법구경』 252번

내가 운영하는 '가출 공간'이라는 웹사이트에 독자가 올린 상담 내용에 답하는 쓰쿠요미 서당月読寺子屋이라는 코너가 있다. 어느 날 이런 글이 올라왔다. "『침묵 입문』 잘 읽었습니다. 처음에 이 책을 읽으면 좋겠다고 생각하는 몇몇 사람의 얼굴이 떠올랐는데, 이 사이트에 오게 되면서 저 자신을 돌아보는 일이 늘었습니다."

이 사람에게 일어난 변화야말로 진정 필요한, 질 높은 성장이라 할 수 있다. 아무리 불도 관련 책을 읽어도 '흠, 그렇군. 욕망이나 분노로 더러워진 마음은 정말 옳지 않군. 저 사람도 그렇고, 이 사람도 그렇지.'라는 사고에 빠지면 불도의 지혜에서 멀어질 뿐이다. 다른 사람이 이렇다 저렇다 할 게 아니라 자신의 번뇌부터 확인하면서 제어하는 것이 가장 중요하다.

분노로부터
나를
보호하는 법

누구나 다른 사람의 번뇌를 싫어한다. 타인이 자신에게 화를 낼 때, 그 공격성은 자신의 번뇌 에너지가 끌어당긴다고 할 수 있다. 다시 말해 번뇌가 적을수록 다른 사람에게 인정받고 받아들여지기 쉽다는 이치다. 사랑받고 싶다거나 인정받고 싶다는 욕망이라는 번뇌는 타인에게 빼앗으려는 것이기 때문에 주위 사람의 본능적 반발을 불러일으킨다. 반대로 그런 번뇌를 줄일수록 사랑받고 인정받기도 한다. 이 단순한 진리를 마음에 새겨두어야 한다.

여기서 말하는 번뇌를 줄이고 희석한다는 것은 '사랑 따위 받고 싶지 않아.' '인정받지 않아도 돼.' 같은 완고한 태도를 취하는 것과 전혀 다르다. 무리하게 부정하는 것은 분노 에너지로 욕망 에너지를 억압하는 것과 같다. 사실 '인정받지 않아도 돼.'라는 식으로 정색할수록 욕망은 강렬하게 활성화된다. 분노 에너지에 억눌려 표면으로 드러나지 않았을 뿐, 마음 깊은 곳에서는 에너지 양이 늘어난다.

이런 사람이 좌선에 임해 분노 에너지를 줄이는 데 성공하면 분노의 뚜껑이 벗겨지면서 지금까지 억눌려 있던 욕망 에너지가 한꺼번에 뿜어져 나오는 경우가 있다. 지금까지 거식증이었는데 갑자기 강렬한 식욕이 생긴다든가, 지금까지 전혀 웃지 않았는데 갑자기 뭐든지 재미있어하며 웃는 일이 자주 일어난다.

분노의 뚜껑을 연 뒤에 나오는 비정상적 욕망 에너지도 주의를 기울여 정화하면 인격적으로 발전된 온화한 성격을 형성할 수 있다.

분노가 당신을 불태우지 않게 하려면
상상 속 이야기가 완성되기 전에
이야기를 중단하거나 고쳐 써야 한다.

3장

미혹은 능력을 무디게 한다

특별한 것을 찾아 발버둥 치는 인간에게
'평범'만큼 견디기 어려운 것은
없을지도 모른다.

미혹은
방황하는
마음이다

　미혹은 욕망, 분노와 함께 인간의 세 가지 근본적인 번뇌 중 하나이며 최대 최악의 번뇌라고 할 수 있다. 미혹이란 의식이 지금 이 순간에 딱 머물지 못하고 어딘가 다른 곳으로 날아가버릴 때 작용하는 충동 에너지다. 집중력, 결단력, 실행력, 지속력 같은 능력을 떨어뜨리는 에너지이기도 하다.

　불도에서는 '무지'나 '어리석음' 같은 말로 표현하는데, 자극을 줘 우리를 움직이게 하는 충동 에너지라는 의미가 잘 전달되지 않는 것 같다. 그래서 나는 빙글빙글 회전하듯이 마음을 헤매게 하는 에너지라는 이미지를 전달하기 위해 미혹이라고 표현한다.

　욕망은 머릿속에서 쾌락 이야기가 쓰일 때 연쇄적으로 발생하는 번뇌 에너지, 분노는 불쾌한 이야기가 전개될 때 연쇄적으로 발생하는 번뇌 에너지라면 미혹은 쾌락도 불쾌도 아닌 뻔하고, 재미없는, 중립적 감각에 연쇄적으로 발생하는 번뇌 에너지다. 마음은 강한 자극을 좋아해서 쾌도 불쾌도 아닌 뻔하고 중립적인 감각을 절대 좋아하지 않는다.

　『안녕 절망선생』이라는 만화에는 주위에서 "평범해."라고 하면 "평범하다고 하지 마!" 하고 대꾸하는 여학생이 나온다. 특별한 것을 찾아 발버둥 치는 인간에게 '평범'만큼 견디기 어려운 것은 없을지도 모른다.

　눈앞에서 일어나는 일이나 지금 해야 하는 일 등을 머릿속에서 뻔하고 중립적이라고 받아들이는 순간, '재미없으니까 무시하고 싶어.'라는 미혹의 충동 에너지가 생겨나고, 의식은 갈팡질팡 지금 여기가 아닌 어딘가를 향해 헤맨다. 그러니 미혹이라는 번뇌 에너지는 '도망' 번뇌라고 불러도 되겠다.

미혹이
무너뜨리는 것들

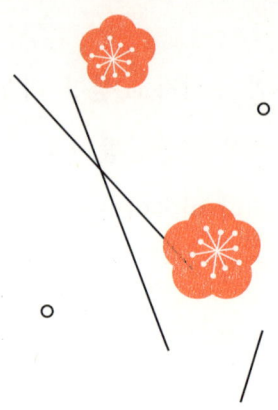

마음이 현실을 잊고 방황하기 시작하면 여러 가지 폐해가 생긴다. 우선 현실적인 문제로 지금 해야 할 일에 임하는 능력이 떨어진다. 일하고 있을 때 '아아, 빨리 안 끝나나.' 하고 끝난 다음으로 의식이 도망치는 순간, 일에 쏟아야 할 에너지가 분산되어 효율도 떨어진다. 그러면 시간을 낭비할 뿐만 아니라 일을 통해 얻는 만족감도 떨어진다.

　　마음이 머릿속에서 하는 생각에 틀어박혀 있을 때는 눈

앞의 일을 제대로 보는 시각도, 다른 사람의 말을 잘 듣는 청각도, 지금 내 몸은 여기에 있다는 신체감각도 대부분 무시한다. 마음과 신체감각이 제각각인 상태는 스트레스가 생겨나는 원인이 된다. 게다가 일하면서 배고프다거나 원하는 대로 되지 않아서 자존심 상한다는 잡념에 의식이 흩어지면 집중이나 결단에 써야 할 에너지가 낭비된다. 그리고 연쇄반응이 일어나 공복으로 인한 욕망 번뇌나 자존심에 상처 입어 의욕이 떨어질 수 있는 만慢 번뇌●가 커진다. 이처럼 미혹은 모든 번뇌의 원흉이 되는 가장 큰 에너지다.

길게 보면 의식이 눈앞의 현실에서 벗어나 방황할 때마다 의식을 제어하는 능력이 계속 떨어지는 폐해도 있다. '재미없으니까 도망간다'는 패턴이 잠재의식에 새겨져 다음에는 한층 더 도망치기 쉬운 버릇이 생긴다. 이를 반복하면 결단력이 떨어져 우유부단해지고 집중력이 결여된다.

● 자만과 교만의 번뇌. 자기 우월감에 빠지거나 남을 깔보는 마음을 뜻한다.

도망치는 마음을
발끝으로
되돌려라

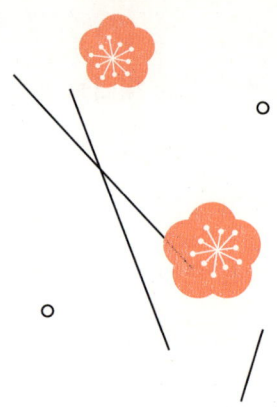

미혹의 충동 에너지를 물리치고 자기 제어 능력을 단련하려면 지금 이 순간의 현실에 의식을 고정하는 훈련이 효과적이다. 예를 들면 걷고 있을 때 '지금 오른발이 지면에서 떴다. 지금 오른발이 앞으로 나아가고 있다. 지금 지면에 닿은 감촉이 느껴졌다.'처럼 생각해 의식 센서가 일거수일투족을 강하게 의식하게 하는 훈련이다.

　이를 제대로 실천하면 초보적인 '보행 선禪'을 하는 셈이 되는데, 꼭 그렇지 않더라도 출퇴근길이나 산책 중 의식이 방황하지 않도록 자각한 채 걸으면 충분히 효과를 볼 수 있다. 그렇지만 마음은 뻔한 감각을 싫어하기 때문에 발의 감각에 집중하려 해도 의식은 계속 욕망이나 분노라는 잡념으로 도망치려 한다. 하지만 거기에 무릎 꿇어서는 안 된다. 의식이 다른 곳을 향할 때마다 '아, 정신이 딴 데 갔었네.' 하고 재빨리 알아차리고, 곧바로 다리의 감각으로 의식을 되돌리자.

그래도 처음에는 의식이 금세 또 어딘가로 도망칠 것이다. 그 정도로 미혹의 충동 에너지는 마음속에 뿌리 깊게 자리 잡고 있다. 그래도 '벗어난다 → 되돌린다 → 벗어난다 → 되돌린다 → 벗어난다 → 되돌린다…' 하고 꾸준히 반복하면 집중하기 위한 기초 근력이 생긴다.

걷는 행위에 집중하며 발의 감각, 움직임, 호흡 등을 관찰하는 수행.

벗어나는 것 자체는 벗어나게 하는 에너지가 존재하는 이상 어쩔 수 없는 일이다. 한탄하거나 안타까워할 일도 아니다. 중요한 것은 의식이 방황할 때 재빨리 알아차리고 억지로라도 다시 끌어오는 일이다. 알아차릴 때 자각 센서가 예민해지고, 다시 끌어오면서 집중력이 길러져 의식의 제어 능력이 커진다.

생겼다가 사라지고 생겼다가 사라지는 여러 가지 감각을 자각하는, 즉 신체감각에 의식을 딱 붙일 수 있게 되면 마음이 머릿속에 틀어박힐 수 없어 무익한 사고 회전을 멈춘다. '있는 그대로의 실감'과 '머릿속에서만 하는 사고'는 양립하지 않기 때문에 현실의 감각에 의식이 머무르면 욕망이나 분노라는 잡념으로 의식이 헤매는 일이 줄어든다.

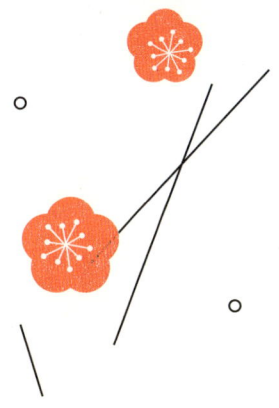

나를 잊을 때 몰입이 시작된다

무언가에 열중할 때 의식에서 흔들림이 사라지고, 잡념이 고요해지고, 오로지 아름다운 만족감만 남는다. 누구나 한 두 번쯤 그런 순간을 경험한 적이 있지 않을까? 처음에는 좋아하니까 한다는 마음이었을지 모른다. 하지만 한결같이 열중하는 사이에 점점 빠져들어, 이내 좋다든가 싫다든가 하는 잡념이 생길 틈이 없을 정도로 집중하는 순간이 찾아오기도 한다. 정말 재미있어서 집중하게 되었을 때 '이거 재미있다!'라는 생각은 하지 않는다. 스포츠든 일이든 인간관계든,

잡념이 없는 지금 이 순간에 능력은 최대로 발휘된다.

이처럼 집중하고 있을 때는 '스포츠를 하는 내가 멋있어!' '일을 열심히 하는 내가 대단해!' '남의 이야기를 들어주는 나는 훌륭해!'처럼 불필요한 '나我'가 존재하지 않는다. 즉 자아가 희미해지면 자신도 해방되어 스트레스가 없을 뿐만 아니라 상쾌해 보인다.

누구나 자기 자신의 자아는 사랑스럽게 여기지만 다른 사람의 자아는 싫어한다. 그러니 자아가 희미해진 상대에게 호감이 가는 것은 아주 자연스러운 일이다. 『자설경』에서는 이렇게 말한다.

지금까지 쭉 이 마음으로 인해 여기저기 찾아다니며
자신보다 사랑스러운 것을 찾을 수 있는지
오로지 그 일념으로 시도해보았다.

하지만 전 세계를 찾아봐도

마음속을 샅샅이 찾아봐도
그런 것을 찾을 수 없었다.

인간은 누구나
자신이 가장 사랑스럽다고 생각하는 법.
누구나 그러하니
자신을 위해 타인의 '나'를 해치지 않도록 하라.

_『자설경』 5장 18번

사물을
세세하게
관찰해보라

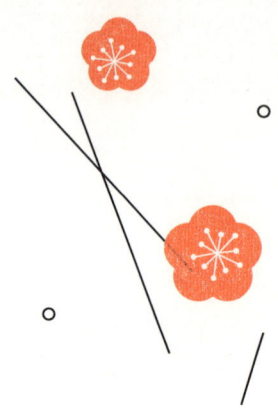

한결같이 집중하는 것이 파워형 미혹 훈련법이라고 하면 또 다른 지성형 미혹 훈련법도 있다. 중립적이고 뻔하게 여겨지는 것을 주의 깊게, 세세한 부분까지 차분히 관찰하는 방법이다. 세세한 부분까지 뚫어지게 관찰하다 보면 사실 중립적이고 재미없는 것이 아니라는 사실이 분명해진다.

재미없다고 느끼는 이유는 감각기관에서 들어온 정보를 두뇌가 마음대로 '이것은 익숙한 그것이다 몇 번이나 맛본 적 있는 것이다. 이제 아주 신물이 난다.'라고 편집했기 때문이다. 이와 같은 정보 조작은 자동으로 이루어지는데, 의식의 흐름에 저항해 자각 능력을 제대로 발휘하면 흐름을 바꿀 수 있다. 즉 상상 속 이야기를 고쳐 쓸 수 있는 것이다.

예를 들어 평범하게 걷고 있을 때도 잡념을 가라앉혀 평정심을 가지고 감각 하나하나를 관찰하면 복잡하고 섬세한 감각이 차례로 찾아와서는 사라져가는 광경을 체험할 수 있다. 그러면 '그저 걷기만 한다니 지루해 견딜 수 없어!'라는 상상 속 이야기가 '걷기는 정말 복잡하고 재미있어!'라는 이야기로 완전히 뒤바뀐다.

무언가가 재미없게 느껴지는 이유는 익숙해진 바람에 그것을 제대로 관찰하지 않기 때문이다. 자각하고 의식을 동원해 제대로 관찰하면 '재미없다'는 '재미있다'로 변한다. 무엇보다도 '재미있다'라는 이야기를 그대로 내버려두면 '더! 더!' 하는 욕망이라는 잡념으로 이어지기도 한다. 그러면 '즐거워. 다음에도 또 이렇게 하고 싶어!' 하고 의식이 방황하기 시작하기 때문에 다시 있는 그대로 다리의 감각을 실감할 수 없게 된다.

따라서 즐겁다는 느낌이 올 때 오롯이 의식을 그곳에 집중시키는 것이 중요하다. 그러면 상상 속 이야기가 진행을 멈추기 때문에 오로지 즐거울 뿐 욕망으로 인한 고통은 없는 산뜻한 상태를 유지할 수 있을 것이다.

무언가에 열중할 때
의식에서 흔들림이 사라지고,
잡념이 고요해지고,
오로지 아름다운 만족감만 남는다.

4장 | 마음은 왜 쉽게 흐트러지는가

우리는 눈, 귀, 코, 혀, 신체감각, 사고라는
여섯 개 문을 통해 정보를 받아들인다.
하지만 우리가 보거나 듣는 것은
사실 '있는 그대로의 정보'가 아니다.

마음은
감각을
편집한다

지금까지 번뇌를 제어하는 방법에 대해 이야기했다. 이 장에서는 다시 한번 마음이란 어떤 구조로 이루어졌는지, 번뇌는 어떻게 발생하는지에 대해 불도 관점에서 설명하겠다.

우리는 눈, 귀, 코, 혀, 신체감각, 사고라는 여섯 개 문을 통해 정보를 받아들인다. 하지만 우리가 보거나 듣는 것은 사실 '있는 그대로의 정보'가 아니다. 예를 들어 눈에 보이는 모든 물질은 원자, 더 자세히 말하면 소립자, 더 나아가 파동과 같은 차원으로 이루어져 있다. 지금 당신이 손에 들고 있는 이 책만 봐도 빈틈없이 꽉 찬 물체처럼 보이지만 실제로 책을 형성하는 원자와 원자, 소립자와 소립자 사이는 빈틈투성이다.

원래 따로따로 흩어진 입자들이 하나로 뭉친 '책'이라는 물체로 보이는 것은 '시각'이라는 마음의 필터를 거쳤기 때문이다. 눈앞의 물체가 입자 상태 그대로 따로따로 보이면 일상생활이 너무나 불편할 것이다. 여기서 '보인다'는 영상의 작용에는 외부에서 들어온 정보를 인간에게 편리할 대로 편집해 바꾸는 힘이 작용한다. 편집하는 에너지가 바로 마음의 원동력이다.

'보인다'에 국한하지 않고 '들린다' '냄새난다' '맛본다' '느낀다' '생각한다' '떠올린다'라는 여섯 가지 작용은 모두 마음에서 이루어진다. 모든 작용은 원래 입력된 정보를 향기나 맛, 촉감 같은 형태로 인간의 형편에 맞춰 편집해서 바꾸는 성질을 지녔다.

'보인다'는 시신경에서, '들린다'는 청각신경에서, '냄새난다'는 후각신경에서, '맛본다'는 혀에서, '느낀다'는 전신의 통각에서, '생각한다'는 뇌의 일부에서 일어나는 것처럼 마음의 작용도 몸의 어딘가에서 끊임없이 일어나고 있다. 그렇기에 불도에서는 마음에는 정해진 자리가 있는 것이 아니라 매 순간 몸을 옮겨 다닌다고 여긴다.

마음의
편집 시스템을
이해하라

밖에서 들어온 정보를 바꾸는 마음의 편집 시스템은 매우 강력하다. 전철에서 처음 보는 여자가 신경 쓰여 견딜 수 없는 상황을 예로 들어보자. 여자의 근원을 밝히자면 따로따로 흩어진 입자나 파동의 모임에 지나지 않는다. 그것을 '아, 여자다.' 하고 하나의 개체로 인식한 시점에 이미 편집이 된 것이다. 그리고 '고급스러운 옷을 입고 있으니 상류층 여자로군.' → '그러고 보니 전에 상류층 여자에게 불쾌한 일을 당했지.' → '아, 왠지 불쾌한 자극이 따끔따끔 쑤시네!' 하고 마음이 제멋대로 편집 작업을 이어가면서 자기 의지와는 무관하게 '처음 보는 여자'라는 정보에서 '불쾌한 느낌'이라는 이야기를 만들어낸다.

　　인간은 외부에서 들어오는 정보를 자연 그대로 맛있게 먹는 데 서툰지, 종종 불필요한 첨가물을 잔뜩 넣고는 일부러 맛없는 것으로 바꾸어버린다. 달리 비유하자면 우리 두뇌에는 편집부가 존재해 외부에서 취재한 정보를 바탕으로 재미없는 이야기를 제멋대로 편집해서 끊임없이 출판하는 셈이다. 즉 지금 여기에 있는 현실의 여자를 무시한 채 '왠지 불쾌하다'는 상상 속 이야기에 틀어박힌다. 모든 사람이 이렇게 틀어박히는 상습범이지만 마음먹기에 따라 탈출하는 것도 가능하다. 그러려면 두뇌 편집부의 작업을 제어해 멈추게 하는 기술이 필요하다.

　　그러나 두뇌 편집부의 정보 변환 작업은 엄청난 속도로 순식간에 이루어진다. 그 속도에 대항하는 기술을 익히려면 우선 편집부가 어떤 순서로 상상 속 이야기를 만들어내는지 살펴봐야 한다. 불도에서는 한순간에 일어나는 정보 고쳐 쓰기 과정을 네 단계로 나누어 관찰한다. 여기서는 차례대로 제1 편집부, 제2 편집부, 제3 편집부, 제4 편집부라고 이름 붙이도록 하겠다.

불교에서는 인간의 존재와 의식 작용을 오온(五蘊)이라 하여, 색(色)·수(受)·상(想)·행(行)·식(識) 다섯 가지로 구분한다. 색은 외부에서 들어오는 물질적 자극, 수는 그것에 대한 감각적 느낌, 상은 인식된 대상을 표상하는 이미지, 행은 이에 따라 일어나는 의지적 반응, 식은 이 모든 과정을 아우르며 대상을 분별하고 인지하는 작용을 뜻한다. 이들은 연쇄적으로 작동하며, 순간적인 판단이나 감정의 흐름 속에서 번뇌가 일어나는 구조를 이룬다.

욕망을 자극하는 이야기가 남는다

처음 설명할 것은 제1 편집부다. 제1 편집부는 이야기를 만드는 데 필요한 원료를 받아 오는 그대 마음속의 취재 부서다. 이야기를 만들려면 원료가 필요하기에 우리 마음은 다양한 정보를 원하며 외부의 이야기를 끝없이 취재하려 든다. 게다가 우리는 편집부가 어떤 정보를 받아 오는지를 제어할 수 없다.

앞에서 든 예로 말하면 매일 아침 마주하는 지하철 안에는 흔들리는 창밖 풍경, 덜컹덜컹하는 진동음, 옆 자리 중년 남성이 내뿜는 냄새, 손잡이를 잡고 있는 자기 손의 감각과 냉방의 시원함 등 온갖 정보가 차고 넘친다. 그 안에서 마음은 휙 하고 특정한 정보로 날아가 시선을 고정한 채 정보를 수집한다.

이때 적용하는 기준은 단순하다. '지금 주변에 있는 정보 중에서 욕구나 분노를 가장 강하게 자극하는 것'에 지나지 않는다. 우리가 좋아하든 싫어하든 마음에 가장 자극적인 정보를 자동으로 채택한다. 순식간에 타깃을 포착해 취재하고, 다음 타깃으로 날아가서 취재하는 일을 반복하는 것이 제1 편집부다.

제1 편집부의 취재 담당자는 통제가 되지 않는다. 만약 취재 담당자가 통제된다면 제1 편집부에서 불쾌한 것을 가져올 일이 없고, 취재 담당자에게 "이런 것을 가져와라. 저런 것을 가져오지 말라."라고 명령할 수 있을 것이다. 그러나 취재 담당자는 통제받지 않기에 불쾌한 것을 가져오고, 취재 담당자

에게도 어떤 것을 가져오지 말라고 명령할 수 없다.

_『무아상경』 6절

번뇌는 이렇게 만들어진다

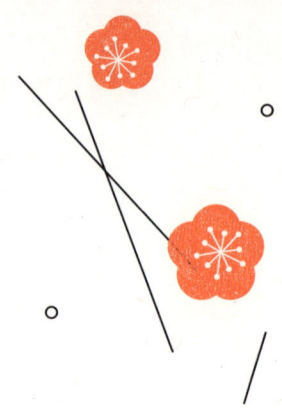

제1 편집부가 제멋대로 취재해 온 정보를 제2 편집부에서 '역시 상류층 여자는….' '역시 이래서 도시 사람은….' '역시 여자는 가슴이 크지 않으면….'처럼 한정된 사항만 골라 틀에 박힌 이야기로 잘라낸다. 제3 편집부에서는 '상류층이어서 불쾌해.' '역시 도시 사람은 싫어.' '가슴이 크니까 좋아.' 하고 쾌인가 불쾌인가를 판단하는 이야기의 타입을 만든다. 쾌락도 불쾌도 아닌 '뭐야, 평범하네!' 하는 중립적인 이야기도 있다. 쾌락, 불쾌, 중립이라는 세 종류로 이야기를 단순

하게 만드는 것이 제3 편집부다.

연쇄반응 같은 이야기 전개는 계속 이어진다. 쾌락 이야기에서는 '더욱더 갖고 싶어.' 불쾌 이야기에서는 '싫어, 멀리하고 싶어.' 중성 이야기에서는 '재미없어, 무시하고 싶어.'와 같이 충동적 반응이 일어난다. 이것이 바로 욕망, 분노, 미혹이라는 번뇌가 탄생하는 곳이다. 제4 편집부는 일종의 '번뇌 생산국'이라고도 할 수 있다.

제1 편집부가 취재해 온 것을 제2 편집부가 기억의 틀에 맞추어 잘라 넣고, 제3 편집부가 쾌·불쾌·중립의 자극으로 단순하게 만든다. 그 자극에 대한 마음의 반응을 욕망, 분노, 미혹 이야기로 완성해 프린팅하고 출판하는 것이 제4 편집부의 일이다.

프린팅에는 인쇄라는 의미와 동시에 깊게 새긴다는 뉘앙스도 있다. 분노의 장에서 이야기했듯이 일단 분노 에너지에 몸을 맡기면 분노의 반응 패턴이 마음에 각인되어 분노 에너지를 증폭시킨다. 이러한 작용을 통해 우리의 스트레스나 고통에 크게 관여하는 것이 바로 제4 편집부다.

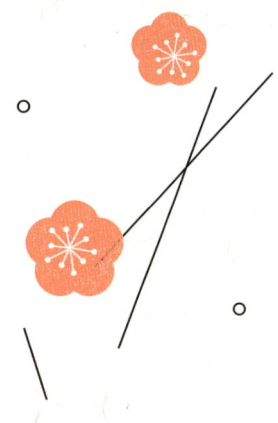

복수해도
내게 독이
퍼질 뿐

어느 날 우연히 〈화나는 회사에 대한 복수 방법〉이라는 제목이 흥미로워 보여 어느 주간지를 사게 되었다. 내용을 읽어보니 "자신의 인생을 틀어지게 만든 분풀이로 회사 비리를 보건소나 고용노동부에 고발한다." "불시에 검사받게 된 회사에 치명적 타격을 입히고 꼴좋다며 웃고 있겠다." "모든 직원 앞에서 열받는 상사의 무능함이 드러나도록 설교해서 치욕을 겪게 하고 스스로 퇴사하도록 몰아간다." 등의 내용이 실려 있었다. 이뿐 아니라 "친구 몇 명을 시켜 민원 전화를 계속 걸게 한다." "싫어하는 상사의 음료에 6년간 매일 빠짐없이 담뱃재를 계속 넣는다." 등 불온한 사례가 다수 실려 있었다.

이러한 복수 방법이 실제로 이루어지는지는 둘째 치더라도 자신의 치부를 드러낸 이야기를 인기 주간지 특집으로 다루는 것 자체가, 그에 공감하거나 재미있게 읽는 직장인이 어느 정도 존재한다는 사실을 의미한다고 생각한다. 많은 사람이 무언가에 짜증 내고, 분노 에너지를 쌓아두고, 앙갚음하고 싶고, 기회만 있으면 복수하고 싶다고, 스트레스를 해소할 배출구를 찾는 모양이다. 그러나 짜증을 내서 가장 큰 손해를 보는 것은 다름 아닌 그 자신이다.

미워하는 사람이 미워하는 상대에게,
원망하는 사람이 원망하는 상대에게 어떤 짓을 해도
화로 가득한 내 마음이 내게 상처 주는 만큼 심한 상처를 주지는 않는다.

_『자설경』 31장 9번

상사나 회사에 대한 짜증이 쌓였다고 해도 상사나 회사는 전혀 아프지 않다. 이러한 짜증은 현실의 상대와는 전혀 관계없는, 단지 우리 머릿속에서 생겨난 이야기에 불과하기 때문이다. 제1 편집부가 처음에 취재해 오는 것은 그저 상사의 행동이나 동료가 무심하게 내뱉은 말이다. 우리 안에 그 정보에 대해 과민하게 반응하는 에너지가 쌓여 있지 않다면 편집 작업은 거기서 끝난다.

그러나 이러한 정보가 계기가 되어 축적되어 있던 부정적 에너지가 표면으로 드러나면 들었던 말이나 행동을 '나를 무시하는 무례한 말투'라는 틀에 끼워 편집하고(제2 편집부), 더 나아가 '이것은 스스로 괴로워하는 비극'이라며 편집을 이어나간다(제3 편집부). 마지막에는 '비극이라면 마음속 깊은 곳에서 분노 에너지를 끌어내 반응하게 하자!'라는 충동적인 이야기 전개를 펼치기에 이른다(제4 편집부).

제3 편집부 시점에서는 단순한 고통이 느껴질 뿐 아직 그 정도로 큰 부하는 걸리지 않는다. 큰 부하가 걸리는 것은

괴로우니 공격하고 반발해야 한다고 번뇌 에너지를 끌어내 반응하는 시점이다. 욕망, 분노, 미혹의 독이 몸과 마음에 얼마나 큰 피해를 주는지는 앞에서 여러 번 이야기했다. 눈앞의 현실을 무시한 채 이러한 부정적 에너지로 만들어낸 상상 속 이야기에 틀어박히는 것은 자기 자신에게 손상을 주는 일일 뿐이다.

들은 말은
들은 대로
두어라

그렇다고 머릿속에서 튀어나와 실제로 상사나 동료, 회사를 상대로 괴롭히거나 복수하면 스트레스가 해소되는 것도 아니다. 미운 상대가 실패하거나 괴로워하는 모습을 보면 순간적으로 속이 시원할 것이다. 그러나 그것은 미워하는 사람의 괴로움이라는 원료에서 만들어낸 왜곡된 쾌락 이야기를 자신의 스트레스 위에 억지로 덮어씌운 것이다. 이때 우리 마음에 어떤 일이 일어날까?

일그러진 쾌락 이야기가 마음의 표면을 점령해도 원래 있던 상상 속 짜증 이야기는 잠재의식 안으로 밀려 들어갔을 뿐, 결코 사라진 것이 아니다. 상대방이 고통받고 있다는 정보를 얻어 쾌락 이야기를 만드는 작업은 오래가지 않는다. 따라서 마음 표면에 억지로 덮어둔 뚜껑은 금세 벗겨지고, 억눌렀던 짜증 이야기가 다시 떠오른다. 게다가 억압받고 잠재의식에 눌려 있던 동안 그 에너지는 이전보다 강해져 자신의 제어 능력을 넘어선 위력을 자랑하며 돌아온다.

결국 머릿속에 틀어박히든, 밖에 나가서 복수하든 변변찮은 결말을 맞이할 뿐이다. 그 원흉은 제4편집부에서 만드는 욕망이나 분노, 미혹의 충동 에너지다. 이런 충동 에너지가 생겨나 자신을 재앙으로 몰고 가지 못하게 하려면 일련의 편집 과정 중 최대한 빨리 이야기 전개를 멈추어야 한다.

목소리를 듣고 욕망이나 분노의 충동 에너지를 생산하는 사람은 자각할 수 있는 제어 능력을 잃어 마음이 이야기에 갇히고 그에 집착하게 된다. 목소리 때문에 생기는 온갖 스트

레스 이야기가 늘어나고, 그의 마음은 욕망과 분노로 상처 입는다. 이런 식으로 상처가 쌓인 사람은 마음의 평안에서 멀어진다고 한다. … 마음의 센서를 통해 자각한 채 목소리를 듣는다면 사람은 목소리에 대해 욕망을 품거나 반발하지 않는다. 마음은 사로잡히지 않고 그 목소리에 집착하는 법이 없다. 이처럼 목소리를 듣거나 받아들인다면 그에게는 상처가 사라지고, 더는 상처 입을 일이 없다. 주의 깊게 듣고 상처를 쌓아두는 일이 없는 사람은 마음의 평안에 가까워진다고 한다.

말룽꺄뿟따 여,
보이고, 들리고, 냄새 맡고, 맛보고, 만지고, 아는,
이 여섯 종류에 대해 그대는
볼 때는 본 그대로 두어야 한다.
들었다면 들은 그대로 두어야 한다.

　● 　말룽꺄의 아들이라는 뜻. 부처의 제자 중 하나이자 초기 불교 경전에 등장하는 질문자 역할의 비구(比丘, 출가한 남성 수행자)다.

냄새를 맡을 때는 맡은 그대로 두어야 한다.

맛볼 때는 맛을 본 그대로 두어야 한다.

만지면 만진 그대로 두어야 한다.

알 때는 안 그대로 두어야 한다.

— 「말룽꺄뿟따경」, 『상윳따니까야』

이 불경에서 이야기하고자 하는 것은 불쾌한 말을 들으면 그것을 그저 소리로 듣는 데 집중해 '그렇군. 소리로군.' 하고 받아넘겨서 정보처리의 편집 대상에 채택되지 않도록 하라는 말이다. 이는 제1 편집부 단계에서 제동을 거는 고도의 기술이지만 터무니없이 어려운 것도 아니다. 예를 들어 신나서 들떠 있을 때는 다소 불쾌한 말을 들어도 '그래 봤자 그저 소리에 지나지 않잖아!' 하고 내버려두기 쉬울 것이다. 여기서 제동을 걸지 못했다면 제3 편집부가 비극 이야기를 전개하기 시작했을 때 그것이 제4 편집부에 넘겨져 프린팅

부처님의 가르침을 주제별로 모은 초기 불교 경전.

이나 출판으로 진행되지 않도록 막아야 한다.

　스트레스를 받았다고 분노 에너지에 사로잡힐 이유는 없다. 스트레스는 단순한 스트레스로 받아들여 짜증과 화만 내지 않으면 스스로 손상 입히는 충동 에너지, 즉 번뇌는 생기지 않는다. 욕망과 분노라는 번뇌를 만들지 않도록 이야기 전개를 차단하는 방법에 대해서는 뒤에서 다시 한번 이야기 하겠다.

마음은
생겼다가
사라진다

여기까지 마음의 간단한 구조에 대해 알아보았다. 마음의 작용이란 밖에서 들어온 사물을 받는 것에서 시작해 그것을 기억이나 선입견에 근거해 잘라 붙이고 편집하고, 희극인지 비극인지로 단순하게 나누고, 마지막에는 번뇌로 인해 반응하는 것까지 모든 과정을 가리킨다.

이처럼 불도에서 마음이란 대상에 대한 반응이라고 분명하게 정의한다. 그 반응은 반드시 특정 장소에서 발생하므로 마음에는 그때마다 장소가 있다는 말이기도 하다. 그리고 마음은 특정한 장소에서 한순간 생겼다가 또 한순간에 사라진다.

최대한 마음이 머릿속에 틀어박히지 않게 하고, 신체감각이나 눈, 귀의 감각에 머물도록 하는 것이 헛된 정보처리에 힘을 쏟지 않고 스트레스에서 해방되는 비결이다.

5장　번뇌에서 벗어나는 마음공부

변화를 일으키기 위한 첫걸음은
자신에게 규칙을 부여하는 것이다.

그대의 마음에 규칙을 부여하라

날뛰는 번뇌는 이제 욕망을 줄이자고 생각한다고 해서 쉽게 훈련할 수 있는 것이 아니다. 날마다 공들여 꾸준히 제어하는 연습을 해나가지 않는 한 사람의 마음은 변화하지 않는 법이다. 변화를 일으키기 위한 첫걸음은 자신에게 규칙을 부여하는 것이다.

예를 들어 일하다 고객이 도저히 맞춰줄 수 없는 주문을 하는데 일단 계약만 따내고 보자는 생각에 "네, 괜찮습니다.

어떻게든 하겠습니다."라고 대답했다고 하자. 결과적으로 약속을 지킬 수 없는 일은 흔히 발생한다. 거래처 사람이 불쾌하지 않도록 변명해보자는 생각에, "저는 될 것 같다고 생각했는데 상사가 결재를 해주지 않아서요. 죄송합니다." 같은 말로 얼버무려도 거래처 사람은 '이 사람은 말로만 약속하고 여차하면 상사 탓으로 돌리고 도망치는 신뢰할 수 없는 사람'이라는 인상을 받을 것이다.

이는 스스로 지켜야 하는 규칙이 없어서 눈앞의 이익에 휩쓸려 결과적으로 손해를 보는 좋은 예다. 본인은 계약을 따내고자 전략적으로 '자, 욕망에 따르자!' 하고 결단한 것은 아니다. 단지 문득 깨달았을 때는 이미 욕망의 충동 에너지에 마음을 빼앗겨 '어떻게든 될 거라고 대답해!'라는 전개에 휩쓸린 것이다.

자기에게 규칙을 부여한다는 것은 욕망에 휩쓸리지 말자고 매일 자신을 타이르고 자신의 마음을 감시하는 일이다. '어떻게든 될 거라고 대답해버려!'라는 이야기가 만들어지면 재빨리 그것을 알아차리고 '이 욕망에 따르면 안 돼.' '그 주문은 어렵다고 대답해야 해.' 하고 방어한 뒤 이성적인 판단을 내리도록 한다.

흔들리는 마음을
다잡는
열 가지 방법

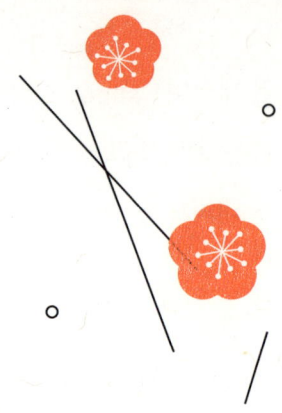

이러한 자기 규칙을 불도에서는 '계戒'라고 부른다. 일본에서는 종종 '계율戒律'과 혼동되지만 계와 '율律'은 별개다. 계는 자신을 제어하기 위한 규칙이고, 율은 집단생활을 하기 위한 규칙, 말하자면 학교의 교칙 같은 것이다. 부처님이나 스님이 말씀하셔서가 아니라 스스로에게 부여한다는 것이 계에서 가장 중요한 핵심이다.

마음을 제멋대로 하게 두면 욕망과 분노가 잇달아 샘솟

는다. 그렇게 스스로 해치는 흐름을 거스르도록 마음을 얽어매는 것이 계다. 옷을 찢거나 묶거나 옷핀으로 조여서 칭칭 얽어매는 펑크 패션처럼 자기 규칙으로 번뇌를 얽어매는 계는 마음의 펑크 모드라 할 수 있다.

불도에는 227계, 십선계十善戒, 팔재계八齋戒, 오계五戒 등 수행자부터 일반 초심자까지 다양한 수준의 펑크 모드 목록이 있다. 그중 매우 실용적인 십선계라는 펑크 모드에 대해 설명하겠다.

십선계 목록

- 마음에 관하여 -

1. 욕망을 억누른다(불탐욕不貪欲).
2. 분노를 억누른다(부진에不瞋恚).
3. 미혹을 억누르고 진리를 통찰한다(불사견不邪見).

- 말에 관하여 -

4. 거짓말을 하지 않는다(불망어不妄語).

5. 비판을 하지 않는다(불악구不惡口).

6. 나쁜 소문을 이야기하지 않는다(불양설不兩舌).

7. 쓸데없는 이야기를 하지 않는다(불기어不綺語).

- 행동에 관하여 -

8. 살아 있는 것을 죽이지 않는다(불살생不殺生).

9. 도둑질하지 않는다(불투도不偸盜).

10. 바람을 피우지 않는다(불사음不邪淫).

목록을 보면 알 수 있듯이 기본은 처음 세 가지, 즉 욕망과 분노와 미혹을 억제하는 것이다. 그것이 가능하면 거짓말도, 비판도, 나쁜 소문도, 쓸데없는 이야기도 하지 않게 된다. 살아 있는 것을 죽이지도, 도둑질하지도, 바람을 피우지도 않는다. 욕망과 분노와 미혹이라는 번뇌 에너지 때문에 마음이 손상을 입지 않도록 신경 써서 방어하는 것이 시작이자 목표다.

그렇다면 십선계가 아닌 '삼선계'라고 해도 될 것 같지만 실제로는 그렇게 간단하지 않다. 머리로는 욕망이나 분노, 미혹을 줄여야겠다고 생각해도, 알지만 멈출 수 없는 함정에 빠지는 것이 우리 인간이다. 따라서 나머지 일곱 가지 훈계를 통해 구체적으로 어떤 행위를 할 때 욕망이나 분노, 미혹 에너지가 활성화되고 증폭되는지 분석하고, 그중 특히 위험한 것을 다루는 것 같다. 행위 자체가 악질이라기보다 그 행위를 함으로써 마음에 어떤 나쁜 영향을 미치는가 하는 관점에서 선별했다는 점이 핵심이다.

마음은 빠른 속도로 이동하기에 좀처럼 잡기 어렵지만, 번뇌가 구체적 발언이나 행동으로 나오는 순간 알아차리고 차단하는 것은 마음 자체를 붙잡는 것보다 간단하다. 한번 차단하는 데 성공하면 그다음에는 욕망이나 분노, 미혹이 나오기 어려워지는 데다 차단했다는 자신감이 좋은 습관이 정착되도록 힘을 실어준다. 이제 욕망이나 분노, 미혹 이야기를 낳는 계기가 되는 열 가지 나쁜 행위를 극복하는 방법을 하나씩 살펴보자.

1. **욕망을 억누른다 — 불탐욕**

    욕망이 힘을 발휘하도록 내버려두면 마음은 피폐해지고 의욕은 정체된다. 그 이치를 알고 평소에 마음을 확인해 욕망이 스며들지 않도록 유의해야 한다. 자세한 것은 1장을 참고하길 바란다.

2. **분노를 억누른다 — 부진에**

    분노가 지닌 반발력이 발휘되면 마음은 삐걱거리고 몸에 독소가 넘쳐 온갖 불행을 끌어당기는 원흉이 된다. 분노야말로 자신의 마음에서 없애야 할 첫 번째 번뇌라 할 수 있다. 자세한 것은 2장을 참고하길 바란다.

3. **미혹을 억누르고 진리를 통찰한다 — 불사견**

    미혹에서 회전력이 발생하면 마음은 지금 이 순간에서 떨어져 나가 이곳저곳으로 흩어지고, 욕망과 분노의 온상이 된다. 이 에너지가 발생한 순간을 포착하려면 섬세한 주의력이 필요하지만, 알아채고 차단할 수만 있다면 흔들림 없는 평정심과 명석함을 기를 수 있다. 자세한 것은 3장을 참고하길 바란다.

4. 거짓말을 하지 않는다 — 불망어

거짓말을 하는 이유는 대부분 자신의 욕망을 이루기 위해서이므로 거짓말하면 욕망 에너지가 활성화되고 증폭된다. 십선계에서 말하는 거짓말을 하지 않는다는 것은 일반적으로 말하는 거짓말보다 범위가 넓어 '사실에 반하는 것을 말하지 않는다'는 것을 가리킨다. 사실에 반하는 말을 할 때 마음속에서는 사실에 입각한 정보의 연결이 끊어지고, 사실에 반하는 정보의 연결로 재조합된다. 그로 인해 마음속의 정보 배열이 흐트러져 혼란에 빠진다. 이러한 혼란 상태가 바로 미혹 에너지를 만들어내는 원인이 된다.

게다가 한번 거짓말을 하면 들키지 않으려고 다른 거짓말을 보탤 수밖에 없다. 따라서 그때마다 사실에 반한 것을 잠재의식에 새기게 된다. 이를 반복하면 마음이 점점 더 혼란스러워 자기 제어 능력이 떨어지고 집중력과 판단력을 잃는다. 또 누구라도 거짓말한 사실을 들킬까 봐 불안한 마음이 든다. 이러한 부정적 감정은 분노 에너지를 증폭시킨다. 게다가 속은 사람이 불쾌해하니 불쾌감의 파동이 되돌아와서 새로운 손상을 준다. 그야말로 엎친 데 덮친 격 같은 손해를 입는 것이다.

5. 비판을 하지 않는다 — 불악구

비판을 하면 자기주장에 집착하는 '견見🌿'이라는 번뇌가 활성화되고 나를 우선시하는 욕망 에너지가 증폭된다. 상대방에 대한 공격적인 마음이 섞이므로 분노 에너지도 증폭된다. 게다가 실제로는 자랑이나 분노 에너지에 자극받아 움직이고 있으면서도 상대를 위해서 말하는 거라고 자신을 속임으로써 미혹 에너지도 증폭된다.

세상에는 자신이 불쾌해진 일이나 재미없다고 생각한 영화, 싫어하는 음악 혹은 책 등에 대해 욕을 하거나 글을 쓰

🌿 왜곡된 자아 중심적 견해의 번뇌. 이치를 제대로 알지 못한 채 자신의 생각이 옳다고 여겨 집착하고 고집하는 마음을 뜻한다.

는 사람이 종종 있다. 이는 자기 자신을 욕망과 분노로 오염시키고 추하게 만드는 행위일 뿐이다. 그보다는 좋다고 생각한 것을 골라 장점을 기록하는 편이 훨씬 좋다.

비판을 할 때는 '나는 바른말을 하고 있으니까 상대방도 따라야 해.' 하고 상대방이나 주변을 바꾸려는 욕구가 일어난다. 대부분의 사람은 욕망 때문에 움직이지 올바름 때문에 움직이지 않는다. 올바름을 주장해도 상대방의 욕망을 부정하고 불쾌하게 만들 뿐이다. 만약 상대에게 변화를 주고 싶다면 비판 대신 상대의 욕망이 무엇인지 파악한 뒤 그 욕망에 따른 선택지를 제시하는 것이 현명하다.

6. 나쁜 소문을 이야기하지 않는다 — 불양설

자리에 없는 누군가에 대해 나쁜 소문을 이야기하면 분노 에너지 때문에 마음이 피폐해지고, 스트레스를 해소하기는커녕 잠재적 스트레스만 늘어난다. 그뿐만 아니라 상대방이 있을 때 전혀 다른 말을 해야 하기 때문에, 마음의 정보처리라는 관점에서 보면 정보 연쇄의 혼란에 따른 미혹 에너지의 증폭으로 이어진다. 소문을 이야기하는 자리에 휘말리지 않고 스스로를 유지하는 방법에 대해서는 6장을 참고하길 바란다.

7. 쓸데없는 이야기를 하지 않는다 — 불기어

잡담, 특히 자랑은 말하는 사람에게는 즐거운 일이지만 듣는 사람에게는 종종 고통이 된다. 분명 거짓말은 자신에게 해가 된다. 그럼 사실이라면 뭐든지 말해도 도움이 되는가 하면 전혀 그렇지 않다. 우리는 잡담을 나눌 때 이 대화에서 무엇을 전해야 할까, 상대방은 어떤 것을 들으면 재미있어할까 등을 고려하지 않고 끝없이 이야기한다. 즉 제대로 고민하거나 제어하지 않은 채 정보를 그대로 흘려보내기 때문에 자기 제어 능력이 떨어지고 미혹 에너지를 증폭시킨다.

상대방에게 끝없이 이야기할 때 마음속에서는 나에 대해 알아주고 인정해주길 바라는 욕망 에너지가 활성화된다. 1장에서도 이야기했지만 인정해달라고 외칠수록 상대의 마음은 멀어져간다는 아이러니를 명심해야 한다.

8. 살아 있는 것을 죽이지 않는다 — 불살생

세상에는 인간을 죽여서는 안 된다는 규칙이 있는데, 불도에서는 인간과 다른 생명에 구별이 없다. 살아 있는 것을 죽이지 않는 것이 중요한 자기 규칙이 된 이유는 생명을 죽이려면 강렬한 분노 에너지가 필요하기 때문이다. 상대가 인간이라면 특히 강렬한 분노 에너지가 동원되리라고 쉽게 상상할 수 있다. 하지만 상대가 모기나 바퀴벌레여도 마찬가지다. 그 경우에도 '아, 징그러운 생물이야 나에게 방해되는 존재야 이런 생물은 죽는 편이 나아 아니, 죽어야 해.' 하는 분노 에너지가 활성화된다.

모기향을 피우거나 살충제를 뿌리는 것도 잠재의식을 더럽혀 화근을 남기는 행위다. 그러나 이는 자연스러운 습관이 되어서 사람들은 대부분 자신이 분노에 사로잡혀 있다는 사실조차 깨닫지 못한다. 원래 모기나 바퀴벌레를 해충으로 여기는 것은 두뇌 편집에 의한 것이다. 여러 차례 '징그러운 것이다.'라는 정보를 각인한 결과 모기나 바퀴벌레를 보는 순간 제2 편집부가 '해충이다.'라고 편집하고, 제3 편집부가 스트레스 이야기를 만들어내고, 제4 편집부에서 '없애고 싶어 견딜 수 없다.'라는 분노의 충동 에너지를 끌고 나온다.

살생을 하는 사람은 바퀴벌레는 더러우니까 괜찮다고 생각하지만, 더러운 것은 바퀴벌레가 아니라 그렇게 반응하도록 조건이 부여된 자신의 마음이라 할 수 있다. 그러한 조건을 풀고 마음을 변화시키려면 모기나 바퀴벌레에 대해서도 자비로운 마음을 갖자. 적어도 죽이지 않도록 모기장을 친다. 모기향을 피운다면 화학 성분이 아닌 국화과 식물인 제충국으로 만든 천연 모기향을 추천한다. '죽여버릴 거야!'에서 '다른 데로 가주면 안 될까?'로 바뀌면서 분노 에너지가 줄어들고 마음이 편안해지며, 그로 인해 훌륭한 인격이 생겨난다.

9. 도둑질하지 않는다 — 불투도

도둑질은 욕망 에너지를 강렬하게 자극하는 동시에 훔치는 순간부터 들키면 어쩌나 싶어 마음이 급해지며, 겁을 먹기 때문에 분노 에너지가 증폭된다. 예전에 나는 물건을 아무렇지도 않게 훔치거나 무임승차하는 사람이었다. '도둑질해서는 안 된다'는 규칙은 있지만 '규칙에 따라야 한다'는 규칙은 없으니, "규칙에 따르는 것은 약한 인간뿐이야!" 하고 큰소리쳤다.

그러나 실제로는 규칙이 있든 없든 훔치는 순간 자신의 마음이 파괴되는 것은 변함없다. 선 명상 수행을 통해 도둑질이 얼마나 마음에 손상을 주는지 알게 되었다. 과거를 반성하고 다시는 도둑질 따위는 하고 싶지 않다고 생각하게 되었다. 많은 사람이 자신은 도둑질 같은 것은 안 한다고 생각하겠지만, 예를 들어 누군가가 말했던 내용을 자신이 생각한 것처럼 말한다면 그것도 도둑질의 한 종류다.

"이것은 다나카 하나코 씨가 신문에 기고한 내용인데." 하고 누가 한 말인지 덧붙이기란 어렵지 않다. 그런데도 무심코 자기 의견인 것처럼 말하는 이유는 '이런 의견을 생각할 수 있는 나란 사람, 대단하지 않아?' 하고 자랑이라는 번뇌가 생겼기 때문이다. 이때 마음은 욕망으로 피폐해졌을 뿐만 아니라 "그것은 다나카 하나코 씨가 신문에 냈던 내용이 잖아."라고 지적받을까 봐 겁먹는 분노 에너지도 생겨난다. 따라서 승려도 설법을 하거나 글을 쓸 때는 기본적으로 부처님의 생각을 전달할 뿐, 자신만의 독자적인 생각이 아님을 잊지 말아야 한다.

10. 바람을 피우지 않는다 — 불사음

바람을 피우는 이유는 사랑하는 사람 한 명만으로는 만족할 수 없는 과잉된 욕망 에너지 때문이다. 그에 덧붙여 한 명에게 집중할 수 없고 여기저기 방황하는 미혹 에너지도 크게 활성화된다.

여러 사람과 동시에 사귀면서 행복해지기란 불가능하다. 한 사람을 만날 때마다 다른 사람을 배신하게 되고, 다른 사람을 만날 때 또 다른 상대를 배신하는 셈이다. 그때 느끼는 양심의 가책이 불쾌감을 주어 분노 에너지를 증폭시킨다. 대부분의 사람은 상대가 바람을 피우면 무의식중에 그 사실을 감지해 '나를 소중히 여기지 않네.'라는 분노 이야기를 전개한다. 그런 사태를 피하려면 변명해야 하므로 마음의 안정을 찾을 수 없다. 이처럼 바람이란 언뜻 보면 쾌락을 맛보는 것 같으면서도 실은 여러 가지 부정적 에너지를 증폭시키는 매우 불행한 행위다.

미워하는 사람이 미워하는 상대에게,
원망하는 사람이 원망하는 상대에게 어떤 짓을 해도
화로 가득한 내 마음이
내게 상처 주는 만큼
심한 상처를 주지는 않는다.

스스로에게
규칙을
부여하는 연습

십선계는 그 행위를 함으로써 마음에 어떤 나쁜 영향이 미치는가 하는 관점에서 선별된 것이라고 이야기했다. 그 부분에 대해 조금 더 살펴보겠다. 나는 선악을 '그 행위가 자기 자신의 마음에서 어떤 에너지를 증폭시키는가' 하는 관점에서만 이야기하고 싶다. 왜 나쁜 행동을 하지 않는 것이 좋을까? 어디까지나 욕망과 분노, 미혹 에너지를 늘리지 않도록 해서 자신을 향상시키고자 한다는 점이 핵심이다.

불도에 자업자득自業自得이라는 말이 있다. 업은 '카르마 karma'라고도 하며, 인간의 행위 또는 행위가 쾌·불쾌를 초래하는 작용을 말한다. 이 책에서 지금까지 에너지라고 표현한 것은 대부분 카르마에 해당한다. 자업자득이란 자기가 쌓은 카르마는 자신이 받는다는 진리다. 자신이 만든 모든 카르마의 결과는 모두 자신의 마음으로 되돌아온다. 그렇기에 나쁜 카르마를 피하고 좋은 카르마를 쌓고 싶다면 '지금 무엇을 생각해야 할까?' '지금 무엇을 말해야 할까?' '지금 어떤 행동을 해야 할까?' 하고 일거수일투족을 주의 깊게 제어해야 한다. 이는 우리에게 성장하기 위한 동기도 부여한다. 이처럼 카르마 관점에서 생각하면 선을 행하는 것도, 악을 피하는 것도 모두 타인이 아닌 자기 자신을 위해서라는 진리가 쉽게 이해되지 않을까.

많은 사람들이 선이나 도덕이라고 하면 다른 사람을 위해서 참고 마지못해 무언가를 해주는 것이라고 오해한다. 그래서 '가능하면 선 행위는 하고 싶지 않아.'라고 생각하게 되었다. 그러나 다른 사람을 상냥하게 대할 수 없다면 타인뿐만 아니라 자기 자신에게도 큰 손실이다.

갑자기 십선계의 모든 목록을 완벽하게 지키려고 자세를 잡을 필요는 없다. 먼저 지켜보고 싶다는 생각이 든 것을 몇 개 골라 시험 삼아 자신에게 규칙으로 부여해보자. 매일 지키기 어렵다면 일주일에 하루만 지켜도 상관없다. 예를 들어 매주 수요일을 자기 규칙의 날로 정하고, 그날만은 사랑하는 사람에게 불악구의 계를 지켜봐도 좋다.

시험 기간 동안 번뇌를 붙들어 매는 데 성공하면 마음이 안정되고 자신을 제어한다는 자신감을 얻을 수 있으며, 긍정적인 마음가짐을 유지할 수 있다. 그러면 '날짜를 더 늘려보자.' '다른 계도 지켜보자.' 하는 식으로 체험판 버전에서 본격적인 버전으로 나아갈 수도 있다. 한 걸음 한 걸음 나아갈수록 마음에서 불필요한 잡념이 사라지고 눈이 시리도록 투명하게 맑아질 것이다.

분노가
솟아나는 순간을
감지하라

그럼 자신에게 부여한 규칙을 어떻게 하면 지킬 수 있을까. 거래처 담당자가 전화를 걸어와 "알래스카에 사는 바다표범을 모두 잡아 3일 내로 보내주세요."라는 무리한 주문을 했다고 하자. 전화를 받는 순간 '가능할 리 없잖아!' 하고 불쾌해지면 작은 분노 에너지가 생긴다. 그것에 휩쓸려버리면 '그런 무리한 주문을 하는 거래처 담당자 따위 나가 죽으라지!' 하고 더 큰 분노 에너지가 생긴다. 일련의 반응은 순식간에 일어나기 때문에 '분노를 억제한다'는 자기 규칙 따위는 순식간에 깨져버린다.

게다가 분노의 감정을 겉으로 드러낼 수 없기에 "주문을 꼭 받고 싶고(맡고 싶지 않아요), 멋진 제안이라고 생각하지만(나가 죽으라지), 공교롭게도 상사가 망설이고 있어서요." 하고 자신의 기분과 정반대 말을 하는 상황이 된다. 결국 '거짓말을 하지 않는다'는 규칙까지 어기게 된다.

이런 사악한 이야기가 전개되지 않으려면 '나가 죽으라지!'라고 생각한 다음에 '아, 분노를 억제해야 해.' 하고 알아차리는 것으로는 너무 늦다. 그보다 앞서 분노의 감정이 희미하게 솟아오르는 단계에서 감지해야 한다.

분노가 커지는 과정은 마음의 호수 표면에 몇 방울 톡 떨어진 휘발유 위로 불씨가 날라와 단숨에 불길이 퍼져가는 모습과 같다고 할 수 있다. 호수 가득 번진 불을 끄기란 불가능하지만, 휘발유 방울이 톡 떨어지는 순간 알아차리면 비교적 쉽게 불을 끌 수 있다.

이처럼 재빨리 감지하려면 평소 자신의 마음을 감시하고 '지금 욕망이 존재하는가, 분노가 존재하는가, 미혹이 존재하는가?' 하고 욕망·분노·미혹 에너지가 발생하는 순간을 확인해야 한다.

마음
깊은 곳까지
파고들어라

자신의 마음을 확인하고 감시한다고 하면 답답하게 느껴질지도 모른다. 우리는 타인이나 사회에 감시당하고 암묵적 명령을 받는 데 커다란 긴장과 스트레스를 느낀다. 자기 마음을 확인하는 일도 타인의 명령에 따르거나 사회적 압력 혹은 선동에 억지로 자신을 맞추기 위한 동기 때문이라면 큰 스트레스를 받을 것이다.

하지만 번뇌를 제어하고자 자기 확인을 하는 것은 스트

레스의 요인이 되는 잡념을 없애기 위해서다. 욕망과 분노, 미혹은 다양한 스트레스가 되어 본래 지닌 능력을 떨어뜨린다고 몇 차례 이야기했다. 여기서 말하는 자기 확인은 그러한 스트레스 요인을 없애고, 자신의 능력을 향상시키며, 행복한 마음을 느낄 수 있게 하는 것이 목적이다. 따라서 실제로 도전해보면 갑갑함을 느끼지 않는다. 그러니 안심하고 전망이 좋은 감시탑에 올라가 자신의 마음을 최대한 멀리까지 바라볼 수 있도록 하는 것이 현명하다.

누구나 마음속에 자신만의 감시탑을 가지고 있는데 감시탑에 설치된 망원경의 해상도는 제각각이다. 바로 앞까지밖에 볼 수 없는 사람이 있는가 하면, 마음속 저 멀리까지 탁 트여 쉽게 바라볼 수 있는 사람도 있다. 망원경의 성능은 자신에 대해 주의 깊게 자각하는 능력을 나타낸다. 이 자각 능력을 불도에서는 '염력'이라 부른다.

염력이 약하면 바로 앞만 보일 뿐, 먼 곳이나 안쪽은 어둠에 싸여 보이지 않는다. 보이지 않는 부분이 이른바 '잠재의식' 영역이다. 잠재의식에는 우리가 지금까지 쌓아온 많은 양의 욕망과 분노 에너지가 꿈틀대고 있다. 문제는 보이지 않는 곳에서 꿈틀대 제어할 수 없고, 제멋대로 활성화되어 이상한 방향으로 몰아가는 데 있다.

어두운 부분이 존재한다는 것은 모르는 부분이 있다는 것, 즉 무지다. 불도에서는 무엇보다도 싸워야 할 상대를 무지라 여긴다. 무지와 싸운다는 것은 어두운 부분을 자각 센서로 탐험하고 마음속 깊은 곳까지 내다보는 것을 목표로 한다고 해석할 수 있다.

다른 비유를 든다면 의식이란 횃불을 들고 지금까지 보이지 않았던 어둠 속으로 탐험하러 가 의식이 자각할 수 있는 영토를 넓히는 것과 다름없다. 그리하여 나쁜 에너지의 온상인 잠재의식 제국을 붕괴시키는 것이 불도의 목표다. 그렇게 되어야 잠재의식이 부여한 조건에 조종되어 화가 이야기를 전개하는 일 없이 자유로운 결단을 내릴 수 있다.

내가 내 마음의
주인임을
잊지 말라

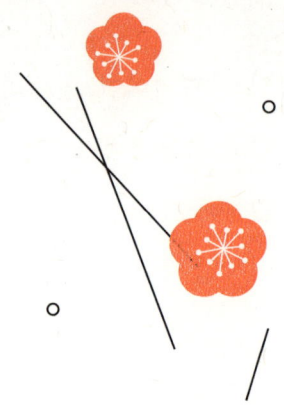

감시탑에서 해상도 높은 망원경으로 마음을 제대로 확인하면 적이 쳐들어와도 잘 싸울 수 있다. 앞서 이야기한 거래 이야기로 말하자면 '나가 죽으라지!' 하는 장면에 복선이 몇 단계 깔려 있음을 알 수 있다.

　우선 원료로 받은 것은 상대방이 한 단순한 주문이다. 알래스카에 서식하는 바다표범을 모두 잡아 사흘 안에 보내 달라는 정보를 받고, '전부라니 말이 되는 소리를 해야지. 사홀 안에 보내달라니 너무 짧지.'라고 느끼자 두뇌 편집부는 아주 짧은 순간에 '이건 스트레스 이야기를 전개할 타이밍이군.' 하고 편집하기 시작한다. 이 단계에서 '아, 내가 스트레스를 느끼기 시작했구나!' 하고 감시탑에서 일찍 발견하면 이야기를 고쳐 쓸 기회가 있다.

만약 감시를 게을리하고 있었다면 '무슨 소리인지 모르겠지만 어쨌든 불가능한 일을 강요받았어.'라는 스트레스 이야기에 한층 더 편집이 더해진다. 그리고 '홋카이도 정도라면 어떻게 해보겠는데…. 적어도 일주일 전쯤에 말해주었으면 좋았을 텐데, 너무 불쾌해!' 하고 분노의 충동 에너지가 생긴다.

이러한 분노 이야기가 전개되기 시작할 때도 배경에 있는 감정을 감시할 수 있다면 아직 늦지 않았다. '왜 나는 이렇게 화를 내고 있을까?' 하고 이야기의 구성 요소를 찬찬히 살피고 따로따로 분해해보는 것이다. 그러면 그곳에서 '오랫동안 거래해왔는데 이런 터무니없는 주문을 하다니. 나를 뭘로 보는 거야?'라는 감정, 즉 만慢이라는 번뇌가 날뛰고 있음을 발견할 것이다.

　　마음속에 만이라는 번뇌가 쳐들어오는 것을 감시탑에서 발견하면 '뭐야, 내가 화가 난 것은 둘도 없이 소중한 나를 제대로 인정하고 배려해달라는 아이 같은 감정 때문이었구나. 정말 우습네.'라는 기분이 들 것이다. 어떠한 감정도 원료를 파악하고 따로따로 분해하면 극복할 수 있다. 그렇게 분노의 감정을 억누르면 '상대는 상대대로 난처해하고 있을 테니 가능한 범위 내에서 대책을 세워 상대방이 기뻐할 만한 대안을 생각해보자.' 하고 생산적인 발상으로 바꿀 수 있다.

　　분노 이야기를 초기 단계에서 채택하지 않음으로써 자신을 속일 필요가 없어진다는 점에서도 앞서 나온 사악한 이야기와는 결정적 차이가 난다. 지금까지 살펴본 내용을 보면 다음에 인용하는 『법구경』의 글귀도 '이건 너무 당연한 말이 잖아?' 하고 무시할 수 없을 것이다.

바로 내가 나의 주인이다.

…

잘 제어된 나에 의해 이상적인 주인을 얻는다.

_『법구경』 160번

평범하게 아무 생각 없이 살아가다 보면 내가 나의 주인이라는 것은 이름뿐인 허울이 된다. 실제로는 잠재의식에 찰싹찰싹 채찍질당하고 그 말만 따른다. 주도면밀한 자기 확인으로 잠재의식 제국의 앞잡이인 온갖 카르마를 소멸시켜야 비로소 명실상부한 나의 주인이 될 수 있다.

만족감을
마음 깊숙이
새겨 넣어라

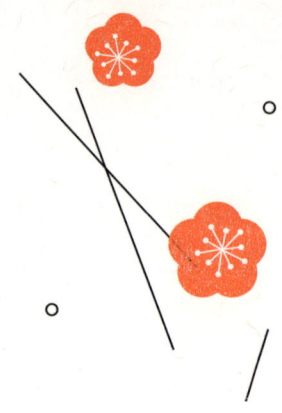

감시탑에서 부정적 감정을 감지했을 때, 그 감정이 자신에게 얼마나 해가 되는지를 평소 체험을 통해 실감할수록 제동을 걸기 쉬워진다. 이 부정적 감정을 방어하는 면역을 불도에서는 '지혜'라고 한다. 여기서는 감정 제어의 기초가 되는 면역을 키우는 방법에 대해 불도 스타일로 생각해보겠다.

　규칙을 부여하고 자신을 주의 깊게 제어하며 생활하면 잘되었을 때는 자랑스러운 기쁨을, 잘 안되었을 때는 심신의 괴로움을 의식 센서가 느낀다. 이러한 행복감과 스트레스로 가득한 감정을 제대로 느끼면 다음에도 스트레스로 가득한 느낌을 피하고 행복감을 얻고 싶다는 형태로 긍정적 조건이 부여된다.

<u>번뇌가 완전히 사라졌을 때 느끼는 상쾌함과 만족감은 정말 멋지다.</u> 예를 들어 일에 열중하면서 아무것도 생각하지 않고 텅 빈 마음속에서 정진 에너지만 쌩쌩 달려가는 듯한 상태. 그러한 상태를 충분히 실감하지 않고 마음속 깊이 넣어두지 않는다면 아까운 일을 하는 셈이다.

기껏 더할 나위 없는 만족감을 얻고도 많은 사람이 '아, 기분 좋다. 일이 더 잘될 것 같아!' '이런 상태라면 일을 금방 끝낼 수 있을지도 몰라.' 하고 쓸데없는 번뇌를 만든다. 그러면 실제로는 마음속에 1000의 만족감이 달리고 있는데도 100 정도의 기쁨밖에 실감할 수 없다.

그러지 말고 만족감이 생겨났다는 사실을 알아채면 재

빨리 그곳에 의식을 집중해 마음속에 느껴지는 만족감이 1000이라면 1000만큼 그대로 실감하자. 마음의 깊은 곳까지 만족감을 새겨 넣음으로써 잠재의식에 '다음에도 이렇게 해야겠다'는 조건 부여를 할 수 있다.

이러한 좋은 에너지를 잠재의식에 비축하는 것이 좋은 카르마, 즉 선업善業이다. 업이라고 하면 번뇌 같은 나쁜 에너지만 해당한다고 오해하기 쉽다. 하지만 충실한 행복감이 주는 에너지 또한 마음에 되돌아와 자신에게 영향을 주기에, 이 역시 업이다.

나쁜 에너지의 경우 그로 인해 입은 손상을 확실히 느끼고 반복하지 않도록 조건을 부여하고, 좋은 에너지에 대해서는 자신의 마음에 긍정적 조건을 부여한다. 이를 매일 의식하면서 보내면 성장하기 위한 에너지를 무한하게 늘려나갈 수 있다.

좋은 에너지를 늘리려고 항상 자신을 확인하는 것은 불

도의 팔정도八正道 중 하나인 '정정진正精進'의 핵심이다. 정진이라고 하면 단순히 무엇이 되었든 노력하는 것이라고 생각하기 쉽지만, 실제로는 이처럼 체계적으로 의욕 에너지를 유지하고 증폭시키기 위한 정신적 방법을 가리킨다.

누구나 마음속에 자신만의 감시탑을 가지고 있는데
감시탑에 설치된 망원경의 해상도는 제각각이다.
바로 앞까지밖에 볼 수 없는 사람이 있는가 하면,
마음속 저 멀리까지 탁 트여
쉽게 바라볼 수 있는 사람도 있다.

지금 여기,
현실에
충실하기

감정에 삼켜질 것만 같을 때, 마음은 신체감각이나 현실에서 벗어나 머릿속에 틀어박힌 상태다.

　감정이 화가 난 정도가 강할수록 지금 자신이 책상에 대고 있는 팔꿈치의 감각을 잊게 될 것이다. 자신의 허리가 의자에 닿아 생긴 감각도 느껴지지 않을 것이다. 자신의 발바닥이 바닥에 닿아 생기는 피부의 감각도 잊힐 것이다. 또 그 순간 자신이 어떻게 호흡하는지에 대해서도 의식이 미치지 않을 것이다. 그러한 사실적 감각을 모두 무시하면 몸과 마음이 뒤죽박죽되어 스트레스의 원흉이 된다고 지금까지 몇 번 이야기했다.

머릿속에 틀어박힌 마음이 상상 속에서 만들어내는 이야기는 잇달아 사납게 날뛰는 번뇌의 파도다. 과거를 떠올리고는 번뇌를 만들고, 앞으로 어떻게 될까 하고 마음이 미래를 헤매게 만들어 한시도 '지금 여기'에 머무르는 일이 없다.

그렇지만 흩어진 마음을 강제로라도 한곳에 모으면 번뇌의 흐트러짐을 단번에 정리할 수 있다. 3장에서 이야기했듯이 번뇌의 특징은 혼란 상태이며 주성분은 미혹 에너지다. 따라서 마음이 무언가에 집중하면 번뇌가 튀어나올 여지가 없어진다. 그래서 지금부터는 강제로, 말하자면 운동선수처럼 집중력을 높이는 방법에 대해 다시 이야기하겠다.

비우고
집중하는
연습

첫 번째 훈련이다. 지금 이 순간, 이 책을 들고 있는 손의 감각에 마음을 집중해보자. 지금 손은 여기에 있어. 이런 감각이 생기고 있어. 지금 몸은 여기에 있어. 발은 여기에 있어. 체온은 이 정도고. 지금 숨을 들이마시고 있어. 혹은 내뱉고 있어. 그 호흡이 깊은가, 얕은가. 그런 사실적 감각을 의식하면 마음이 몸에 일치되는 것을 느낄 수 있다. 그에 따라 머릿속을 떠돌던 잡념도 가라앉아 상쾌해진다.

연설을 할 때 스피치에 익숙하지 않거나 너무 중요한 안건을 다룬 탓에, 또는 어떤 사정 때문이든 너무 긴장해서 횡설수설하는 경우를 생각해보자. 이때 마음은 긴장이라는 분노의 번뇌를 머릿속에서 만들어내며 몸을 완전히 무시하고 있다. 따라서 '손은 여기에 있다. 책상에 닿아 있다. 숨이 지금 조금 흐트러졌다. 지금 들이마시고 있다. 지금 내뱉고 있다.' 하는 식으로 마음이 몸을 떠올리게 하면 번뇌는 차차 가라앉는다.

긴장이 조금 덜 풀렸더라도 무작정 이야기를 시작해서 가슴이나 성대가 떨리는 감각을 의식한다. 그러면 집중력이 급격히 높아지고 말하는 내용에 빠져들 수 있다. 이제는 조금 전까지 들끓던 분노 에너지가 사라지고, 어떻게든 해야 한다는 욕망과 그 밖의 번뇌도 함께 사라진다. 그러면 집중이라는 이름의 특효약이 번뇌를 진압해 마음은 아름다운 텅 빈 상태에 가까워지며 공空을 맛보게 된다. 일상에서 공을 한 번이라도 맛보면 '공이란 참 좋은 것이니까 또 맛보고 싶어.' 하고 좋은 방향으로 조건이 부여된다. 이처럼 공을 맛볼 수 있는 집중은 어떤 상황에서도 의식적으로 행할 수 있다.

지금 이 문장은 내가 말로 하면 다른 사람이 컴퓨터 키보드로 입력하면서 작성하고 있다. 타자를 맡은 사람은 입력하는 내용과 그때 움직이는 손가락과 팔의 근육, 키보드에 닿는 손가락 감각 같은 것에 의식을 모으면 어느 정도 아름다운 집중이 성립된다. 만약 잡념 때문에 의식이 방황할 것 같으면 억지로 손가락의 감각으로 의식을 되돌린다. '슬슬 끝났으면 좋겠는데….' 하고 다시 의식이 방황하려 하면 '슬슬 끝났…' 지점에서 강제로 말을 멈추고, 의식을 다시 손가락의 감각으로 끌고 오면 된다. 앞에서도 이야기했듯이 이것은 결코 무의미한 반복 활동이 아니다. 왕복을 꾸준하게, 정성껏, 참을성 있게 반복함으로써 몸에 기초적인 집중 근력이 생긴다.

다른 사람과 대화하다가 무심코 자랑하고 싶어지는 욕망을 억제할 때도 집중은 특효약이 된다. 자기 이야기를 들려주고 싶다는 욕망이 폭주할 때, 마음은 상대방의 이야기를 끝까지 듣지 않고 상상 속 욕망 이야기에 틀어박힌다. 그때 강제로라도 상대방의 이야기에 모든 집중력을 쏟아부어 귀를 기울이면, 즉 상대방의 목소리가 들려오는 청각에 모든 의식을 쏟으면 결과가 확 바뀔 것이다.

예를 들면 '지금 몇 시였더라?' 하고 다른 것이 신경 쓰이거나, 마음이 무의식적으로 연상 게임을 시작해 상대방 이야기에 찬물을 끼얹는 이야기를 하고 싶어졌다면 그것은 모처럼 틀어박혀 있다가 나온 마음이 다시 머릿속으로 도망쳐 돌아왔다는 것을 의미한다. 그럴 때는 마음을 머릿속에서 쫓아내고 청각이라는 사실적 감각에 의식을 집중시키는 것이 가장 중요하다.

이를 반복하면 난폭한 마음이 조금씩 길들고 상대의 이야기에 충분히 머물 수 있게 된다. 그러면 의식 센서가 욕망이나 분노의 잡념 때문에 흐려지지 않아 단순히 '이 사람이 무엇을 말하고 싶은가?'라는 것뿐만 아니라 '그 배경에 어떤 감정이 있고 무엇을 바라는가?' 하는 복잡한 정보도 읽어

낼 수 있다. 그 결과, 상대방과 자신에게도 가장 적절하고 바람직한 말을 돌려줄 수 있게 되므로 막힘없이 내용에 충실한 대화가 성립된다.

선 명상에서는 호흡이나 몸에 의식을 집중하고 통일함으로써 집중력을 높은 수준으로 끌어올리는 훈련을 한다. 특히 집중력을 기르고 싶은 사람은 좌선에 도전해보기를 강력하게 추천한다.

그 사람을
미워할수록
당신이 손해를 본다

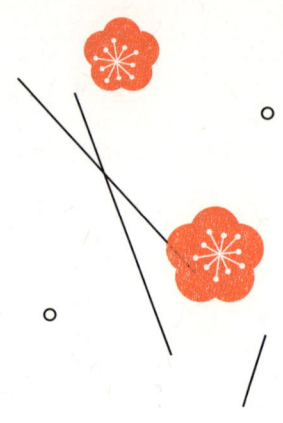

몸과 마음에 의식 센서를 둘러치고 감시탑에서 감시하다 보면 마음이 술렁거리거나, 가슴이 답답하거나, 속이 거북해지거나 할 때 '번뇌가 침입했구나.' 하고 일찍 발견할 수 있다. 그러면 앞에서 이야기한 집중과 같은 방법으로 대부분의 욕망이나 분노를 일단 잠재울 수 있다. 하지만 쳐들어온 번뇌의 위력이 막강하면 억지로 눈앞의 일에 집중하려 해도 마음이 그 감정에 끌려가 집중이 안 될 때도 있다.

예를 들어 좋아하는 사람에게 어이없게 차이는 바람에 미련이 남아 그 생각만 머릿속에서 빙글빙글 맴돌고 아무것도 손에 잡히지 않는 상황을 떠올려보라. 이는 떠난 상대에 대한 과잉 욕망이 에너지로 활성화되어 스스로에게 계속 스트레스를 주는 상태다. 다른 예도 들어보겠다. 업무상 상대방이 약속을 어기는 바람에 큰 손실을 내게 되었다고 하자. 그러면 상대에 대한 강렬한 분노의 감정이나, 그런 상대를 신뢰한 자신에 대한 후회라는 이름의 분노 번뇌가 끊임없이 공격해올 것이다. 어떤 일을 하고 있을 때도 크나큰 실수가 생각나 스트레스로 몇 번이고 강하게 각인된다. 그 때문에 일의 효율이 뚝 떨어진다.

이처럼 반복적으로 습격해 오는 강한 감정에 대해서는 뒤에서 다룰 문과식 대처법이 효과적인데, 불도에는 운동선수식으로 꺾어 누르는 또 다른 수법이 있다. 바로 타인에 대한 과잉 욕망이 고개를 들었을 때 억지로 반대되는 감정을 만들어내 강제로 부딪치게 해서 힘으로 제압하는 기술이다.

예를 들어 업무상 배신당한 일을 계속 원망하면 나만 손해 볼 뿐이다. 따라서 그 분노 에너지에 대해 억지로라도 좋으니 상대를 불쌍히 여기는 동정심을 만들어내 맞부딪치게 하는 것이다. 불도에는 그러한 마음을 강제로 만들어내기 위한 도구가 준비되어 있다. 즉 자애나 상대방에 대한 연민을 나타내는 말을 정하고 그것을 몇 번이고 반복해 마음속으로 기원하는 수법이다.

　자애의 말은 '그 사람이 행복하기를, 안온하기를…' 연민의 말은 '그 사람에게 고뇌가 없기를…' 같은 말이다. 중요한 점은 이러한 짧은 말을 반복해 기원함으로써 그 말의 내용으로만 의식을 옭아매는 것이다. 같은 의미의 말을 수십 번, 수백 번 반복해 기원하면 증오나 욕망 같은 상반되는 감정이 마음에 파고들 여지가 사라지는 것을 깨달을 수 있다. 기원하기 시작할 때는 '어떻게 이런 못된 녀석이 행복하기를 바랄 수 있지?'라는 기분이 들 수 있지만, 그저 그 말의 내용을 기원하다 보면 잡념이 강제로 제압되어 마음이 온화해진다.

중요한 것은 다른 잡념이 들어올 틈이 없을 정도로 반복해 계속 기원하는 것이다. 자신의 마음이 자애로 가득 차면 상대에 대한 욕망으로 물들어 있을 때에 비해 압도적으로 마음이 상쾌해지고 몸도 편안할 것이다.

우주의 모든 생명이
집착에서
자유롭기를

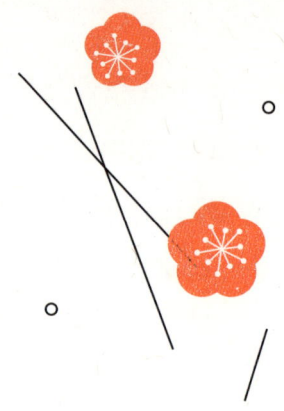

자비라는 마음은 상대방에게도 도움이 되지만, 자비의 망치로 자신의 번뇌를 때려잡을 수 있다. 따라서 무엇보다 자신을 위한 것이라고 할 수 있다. 자애의 '자慈'에 더해 연민의 '비悲', 공감의 '희喜', 집착을 떠나는 '사捨'의 네 가지 감정은 기원해서 마음 깊은 곳에 설치하면 스스로를 지킬 수 있다. 그래서 이 방법을 자신을 지켜주는 네 개의 선禪, 즉 사호위선四護衛禪이라고 부른다.

기원할 때 사용하는 문구는 다양하지만 집중하기 위해서라면 단순하고 짧은 것이 좋다. 나는 자·비·희·사, 각각의 마음에 대해 다음과 같은 문구를 만들어 쓰키요미지^{月読寺}●에서 열리는 좌선 세션에서 이용하고 있다.

자: 행복하기를, 안온하기를 바란다.
비: 고뇌가 없기를 바란다.
희: 기쁨이 나타나기를 바란다.
사: 집착에서 자유롭기를 바란다.

이 정도로 짧은 말이면 마음이 혼란스러운 상태일 때도 금방 기원하고 집중할 수 있다. 눈을 감고 특정한 누군가에 대한 마음으로 기원하는 방식도 좋지만, 좀 더 도전하고 싶은 사람에게는 다음과 같은 더욱 체계적인 방법을 추천하고 싶다.

● 일본 가마쿠라에 있는 절.

여기서는 '사' 문구를 보기로 삼아 해보자. 퇴근길 전철에서 읽은 잡지에 실린 디저트 특집에 자극받아 푸딩을 먹고 싶다는 욕망이 샘솟았다고 하자. 편의점에서 푸딩을 잔뜩 샀지만 전부 먹으면 살이 찔 것 같고, 먹는 도중에 속이 불편해질지도 모른다고 생각해 불안해진다. 한편 직장에서 들은 기분 나쁜 말 때문에 스트레스가 쌓여 있고, 푸딩을 잔뜩 먹고 스트레스를 어떻게든 날려버리고 싶다는 욕망에도 삼켜질 것만 같다.

이럴 때 집착에서 자유롭기를 바라는 사의 총알을 쏘면 욕망을 산산조각 낼 수 있다. 먼저 자기 자신에 대해 '집착에서 자유롭기를⋯.' 하고 이를 진심으로 실감할 수 있을 때까지 기원한다. 실감이 나지 않고 말만 겉도는 것 같다면 한층 더 말의 내용에 의식을 집중시킨다.

충분히 집중해서 기원하게 되었다는 실감이 들면 기원 대상을 자신이 존경하거나 호감을 느끼는 사람으로 범위를 넓힌다. 그 사람들도 집착 때문에 마음이 겉돌고 있으리라 생각하면서 '집착에서 자유롭기를….' 하고 반복해서 기원한다.

　이렇게 충분히 기원할 수 있게 되었다면 자신이 싫어하는 사람이나 생명체를 떠올린다. 반사적으로 떠오르는 혐오감을 힘으로 제압하면서 그 사람들에 대해 '집착에서 자유롭기를….' 하고 온화한 마음으로 계속 기원한다. 그들이 나에게 불쾌한 일을 했다면 집착에 사로잡혀서 그런 것이다. 그들의 집착이 풀어질 경우 그들뿐만 아니라 나에게도 좋은 일이라고 생각하면 순수한 마음으로 기원할 수 있을 것이다.

　이렇게 해서 불편한 존재를 극복했다면 마지막으로 좋아하든 불편한 존재든, 가까이 있든 멀리 있는 존재든, 눈에 보이든 눈에 보이지 않는 생명체든, 모두 뭉뚱그려 전 세계와 전 우주로까지 의식을 확대해 한결같은 마음으로 집착에서 자유롭기를 계속 기원한다.

　이렇게까지 기원할 수 있게 되면 내 안에 있던 나쁜 감정은 사의 권총으로 쏜 총알에 꿰뚫려 멋지게 날아갔을 것이다. 어느새 온 우주에 사는 생명의 평온을 바란다는 도량 넓은 수준까지 와서 웃음이 날 수도 있지만 푸딩에 대한 욕망은 어딘가로 흘러가 완전히 사라졌을 것이다.

지금 이 순간의 감각에 마음을 집중해보자.
지금 손은 여기에 있어.
이런 감각이 생기고 있어.
지금 몸은 여기에 있어.
발은 여기에 있어.
체온은 이 정도고.
지금 숨을 들이마시고 있어.

6장 | 평온한 마음을 유지하는 수련

만만치 않은 상대에게는 무리해서 저항하지 말고
상대의 힘을 받아넘겨 쓰러뜨려라.

받아들이되 휘둘리지 않는 힘

지금까지 집중력으로 주도하는 파워형 감정 제어법에 대해 이야기했다. 이제 지혜를 구사하는 좀 더 슬기로운 방법인 선 명상에 대해 이야기해보고자 한다. 솟아오르는 감정을 무시하거나 억지로 때려눕히는 파워형 대처법은 거칠어지기 쉽다. 반대로 선 명상의 진수는 솟아오른 감정을 적으로 돌리지 않는 데 있다.

예를 들면 쉽게 해결할 수 없는 문제를 직면했을 때 '이

문제는 스스로 극복할 수 없는 것이 아닐까?' 하는 불안이 솟아올랐다고 하자. 불안감은 불도 관점에서 보면 분노라는 번뇌 에너지의 일종이다. 이에 대한 최악의 접근법은 '불안해지면 안 돼. 불안 따위를 느껴서는 안 돼!' 하고 걱정하는 것이다. 에너지의 질로 말하면 안 된다는 생각도 분노의 한 종류다. 불안감이라는 이름의 분노에 부정이라는 분노를 더하는 것은 불에 기름을 붓는 격으로, 번뇌 에너지가 계속 증폭될 뿐이다.

   부정하지 않고 흔들림 없는 평정심으로 감정과 접하는 것. 찾아온 감정을 손님처럼 대하고, 차도 내주고, 억지로 되돌려 보내려고 하지 않는 것. 반대로 무리하게 쫓아내려고 안달할수록 감정은 여유가 없는 곳으로 파고들어 날뛰거나 눌러앉는다.

   큰 소리로 우는 아기에 비유해보면 어떨까. 엄마가 "울지 마!" 하고 화를 내면 아기는 큰 소리로 울고, "그래, 그래." 하고 달래주면 울음을 그친다. 만만치 않은 상대에게 무리해서 저항하지 않고 상대의 힘을 받아넘겨 쓰러뜨리는 불도식 마음의 합기도가 바로 파워형이 아닌 문과식 감정 제어법의 기본이다.

몸이 보내는
고통의 신호를
감지하라

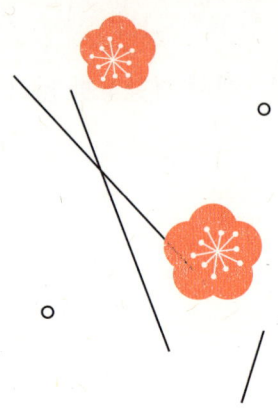

선 명상 훈련은 1단계 마음을 몸과 호흡에 딱 달라붙게 한다 → 2단계 마음을 감각 자극에 딱 달라붙게 한다 → 3단계 마음을 감정에 딱 달라붙게 한다 → 4단계 '법칙의 관찰'이다. 이렇게 네 단계를 순서대로 체득하는 것이다. 이것을 사념처四念處라고 한다.

1단계는 먼저 자신의 몸을 철저히 바라보는 것이다. '손, 여기에 있어.' '발, 여기에 있어.' '몸, 여기에 있어.' '귓

불, 여기에 있고 서늘해.' 이처럼 떠올리기만 해도 그 부분에 마음이 달라붙어 몸과 연동하게 된다.

2단계에서는 몸이 여기에 있다는 데서 좀 더 나아가 몸이나 마음속에서 일어나는 감각 자극을 실감한다. '지금 보여.' '지금 들려.' '지금 느껴.' '지금 즐거워.' 눈, 귀, 코, 혀, 신체감각, 사고의 여섯 개 문을 통해 정보가 입력될 때마다 짜르르 발생하는 감각 자극을 확실히 느끼는 습관을 들이면 마음의 반응을 감지하는 센서가 점점 민감해진다.

예를 들어 우리 몸에는 가슴의 삐걱거림, 명치가 꾹 눌리는 느낌, 목이 꽉 막히는 느낌, 관자놀이가 세게 압박되는 느낌 등 끊임없이 다양한 감각이 생긴다. 이는 감정에 대해 마음이 반응하면서 일어나는 몸의 변화다. 이 모든 신호를 확실히 느끼면 마음이 감각에 딱 달라붙게 된다. 마음이 감각에 딱 달라붙게 되면 지금 이 순간에 머물기 쉬워 마음이 제대로 몸을 제어한다. 이 습관이 들면 몸이 보내는 고통의 신호를 민감하게 잡아낼 수 있다.

앞에서 이야기했듯이 욕망, 분노, 미혹이라는 세 가지 독이 마음을 공격해 오면 불쾌 물질이 생겨나고, 실제로 독극물이 몸속을 누비고 다닌다. 그러다 보니 가슴이 답답해지거나, 배가 압박받는 느낌이 들거나, 목이 막히는 듯하기도 한다. '이런 고통을 견딜 수 없으니 이 감정을 멈춰!'라는 몸이 보내는 SOS 신호라고 할 수 있다.

그러나 현대인은 마음을 머릿속에 틀어박히게 둔 채 '내 감정은 의미 있고 소중한 거야.'라고 생각하며 고통의 신호를 무시한다. 사실은 짜증이 나는데도(속이 따끔거릴 것이다) 그것을 알아채지 못하고 무리해서 무언가를 결정하면 큰 실수를 할 것이다. 욕망에 끌려다니는데도(가슴이 두근두근해 괴로울 것이다) 친절을 베풀겠다고 다른 사람에게 무언가를 강요하면 그 사람의 불쾌한 표정이 돌아올 뿐이다.

마음은 매우 교활한 존재다. '나는 이렇게 생각해.'라고 스스로 이해하는 것은 대부분 자신에게 편리한 대로 그리는 이미지이거나 착각이다. 하지만 몸은 솔직하고 정직하다. 나의 배, 가슴, 목, 관자놀이가 지금 이 순간 어떤 것을 느끼는가. 이를 무시하지 않으면 잘못된 방향으로 갈 일이 없다. 어느 곳을 확인해도 편하고 상쾌하다면 그 감정에는 문제가 없다는 의미다. 어디선가 고통이 일어나고 있다면 그 일은 그만두는 편이 좋다.

그 속에
욕심은
없는가

3단계에서는 마음을 감정에 딱 달라붙게 하는 훈련을 다룬다. 이를 심수념心隨念이라고 부른다. 불도 수행의 근본 경전인 『대념처경大念處經』에서는 마음 관찰법에 대한 부분을 다음과 같이 시작한다.

> **욕망이 있는 마음을 욕망이 있는 마음이라고 아는 것.**
> **욕망이 없는 마음을 욕망이 없는 마음이라고 아는 것.**
> **반발이 있는 마음을 반발이 있는 마음이라고 아는 것.**

반발이 없는 마음을 반발이 없는 마음이라고 아는 것.

_『대념처경』

처음 이 대목을 읽었을 때 솔직히 '뭐? 그게 다야?' 하고 실망했는데, 사실은 이 짧은 말에 필요한 것이 모두 응축되어 있다. 욕망이 있고 없고를 안다는 것은 마음속을 들여다보고 무언가를 갖고 싶다는 끌어당기는 힘이 작용하는지 확인하는 과정이다. 그 속에 욕망이 꿈틀거리고 있음을 알아차렸다면 그 욕망이 지닌 촉감을 체감한다. 어느 정도 강도로 어떤 느낌의 욕망이 찾아오고, 그것이 심신을 어떻게 변화시키는가. 예를 들어 다그치는 느낌이라든가 갑갑한 느낌이 드는지 등을 주의 깊게 지켜보는 것이다.

이런 예는 어떨까. 디자인 회사에 근무하는 사람 몇 명이 팀을 이루어 완성한 광고 디자인이 대상을 받았다고 하자. 그 중 한 사람은 자신이 엄청 노력을 기울였는데 팀 전체가 상을 받게 된 것을 불만스럽게 생각한다. 이 불만 또한 마음이 머릿속으로 도망쳐 만들어내는 상상 속 스트레스 이야기다. 일단 상상 속 이야기가 완성되면 '이번 수상을 나만의 공적으로 삼고 싶어.'라는 상상 속 욕망 이야기가 전개된다. 더 나아가 다음과 같은 대사를 입에 담는 데까지 그리 오래 걸리지 않는다.

"이번에 다들 고생했어. 그건 그렇고, 이번 작품에서 나는 디자인뿐만 아니라 부서 간 연락까지 맡는 바람에 힘들었어. 게다가 카피라이터에게 부탁한 광고 문구도 별로 좋지 않았잖아. 하는 수 없이 내가 카피까지 생각했지. 그래도 어떻게든 그럴싸하게 나와서 다행이지, 뭐." 이렇게 말하면 자신의 공적을 자랑하면서 기분이 좋아질지도 모른다. 주위 사람들이 "이번에 대상을 받은 건 다 네 덕분이야, 고마워!"라고 인정해주리라는 기대도 클 것이다.

그러나 '그게 기분 좋아? 사실은 불쾌하지 않을까?' 싶어 의식 센서가 똑바로 감정을 향하게 하고, 고해상도 망원경으로 마음속을 관찰해보면 전혀 다른 사태가 일어나고 있음을 확인할 수 있다. 먼저 '이것은 내 공적이야. 너희는 방해만 했을 뿐이지. 너희에게는 이 공적을 누릴 자격이 없어.' 하는 식으로 말이다. 욕망 때문에 마음이 피폐해지고 옹색해진 것을 딱 보면 알 수 있다. 가슴 언저리가 뜨거워지고 명치에는 불쾌한 응어리가 생겼을 것이다.

이처럼 욕망이라는 감정은 스트레스의 '감각 자극(수受)'과 하나로 묶어 감시하면 훨씬 관찰하기 쉽다. 내가 매일 마음을 관찰하면서 실감한 것이다. 이렇게 심신의 불쾌함을 느꼈다면 이 세상에 아무것도 존재하지 않는 것처럼 의식을 그 불쾌감에 집약한다. 이때 "욕欲의 고苦, 욕의 고, 욕의 고…" 하고 반복해서 외우는 방법도 추천한다. '욕의 고'란 자신이 욕망 때문에 괴로워하고 있음을 마음속 깊은 데까지 훈계하는 효과를 내게 하기 위해 내가 만든 염불법이다. '나는 욕망 때문에 이렇게 힘들어졌구나!' 하고 실감하는 것이다.

그러면 의식의 자정작용이 일어나 저절로 불쾌감이 약해지다 사라지는 것을 느낄 수 있다. 그와 동시에 불쾌감과 세트를 이루던 '이것은 내 공적이야.'라는 속 좁은 마음도 약해졌음을 느낄 수 있을 것이다. '욕망도 불쾌감도 약해지고 있구나.'라고 느껴도 안심하지 말고 의식 센서를 늦춰서도 안 된다. 그렇게 약해지면서 편안한 느낌에 의식을 집중하면 불쾌감으로 인한 '감각 자극'도, 욕망 이야기도 완전히 사라진다. 그리고 앞의 예와 같은 꺼림칙한 말을 하지 않음으로써 주위의 신뢰를 잃지 않고 큰 성과를 거둘 수 있다.

감정을 바라보면
악행은 멀어진다

다음은 분노를 받아넘기는 예를 생각해보자. 회사 선배에게 "내가 참석하지 못한 회의의 회의록을 대신 정리해주겠어? 급하지는 않으니까."라는 부탁을 받고 "모레가 기획서 마감일이라 바쁜데, 그 뒤 끝내도 괜찮으시면요."라고 대답하면서 일을 맡았다고 하자. 그런데 다음 날 "회의록 정리는 끝났어?" 하고 선배가 물어본다. "아니요. 아직…"이라고 대답하자 "아직 못했구나."라는 대답이 이어진다. 선배의 표정이나 어조에서 '아직도 정리하지 않았다니 실망이야!' 하는 분위기가 노골적으로 전해진다. 그런 정보를 받는 순간 우리 몸과 마음에 순식간에 분노의 독소가 퍼지기 시작한다. '모레까지 바쁘니까 그 뒤에 하겠다고 했잖아. 남에게 요구하기만 하는 이기적인 자식 같으니라고!' 하고 속으로 욕을 퍼붓고 있을지도 모른다.

하지만 그 순간을 의식 센서로 확인했다면 욕망 때와 마찬가지로 마음에 분노가 들어와 자신에게 스트레스가 생기고 있는 상황을 알아챘을 것이다. 육체적인 면에서는 호흡이 얕아지거나 명치가 꾹 눌리거나 해서 괴로울 것이다. 먼저 그런 상황을 발견하고 아기를 달래듯이 지켜봐야 한다. 그리고 그 감각이 변화해가는 것을 주의 깊게 추적한다. "분노의 고, 분노의 고, 분노의 고…" 하고 심언心言을 외우는 것도 효과적이다.

꾸준히 지켜보면 처음에는 강했던 불쾌감이 잔물결이 왔다가 떠나가듯이 조금씩 약해지거나, 다시 떠올리는 바람에 조금 강해지거나 하면서 끊임없이 변화한다는 사실을 알 수 있을 것이다. 그리고 '명치의 고통은 회의록을 약속보다 빨리 정리해주기를 기대했던 것을 원료로 삼아 스스로 만들어낸 것일 뿐이구나. 이런 짓은 빨리 그만두고 계속 일하자.' 하고 생각하게 된 시점에 불쾌감은 쏙 사라질 것이다.

센서의 감도를 예민하게 만들수록 자신에게 손상을 입히는 조잡한 에너지가 '곧 나올 것 같은' 단계에서 감지하게 되므로, 그 에너지가 번지는 것을 쉽게 막을 수 있다. 그것이 자신에게 큰 손해임을 심신을 통해 실감하면서 윤리에 반하는 일은 자연스럽게 하기 싫어진다. 그에 따라 불필요한 욕망이나 분노가 솟아오르는 계기도 압도적으로 줄어들기 때문에 더욱 감각이 예민해져 안정적인 정신 상태에 이르러 '지금 해야 할 일'에 집중해 임하기 위한 바탕이 완성된다.

마음공부에는
종교가
필요 없다

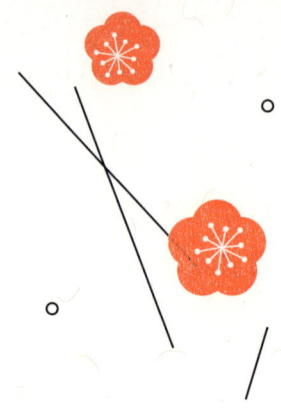

불도의 훈련은 승려뿐만 아니라 속세에 사는 사람들이 실천하는 데도 의의가 있다. 학교에서 가르칠 수 있다면 학생들의 정서교육 및 학습 능력 향상에 큰 효과를 발휘할 것이다. 기업 연수에서 전할 수 있다면 기업 윤리의 확립으로 이어질 것이다. 무엇보다 개개인의 집중력과 정진 에너지가 높아지기 때문에 직장에서 노동 효율을 끌어올리는 데도 도움이 된다.

나는 절에서 좌선 지도를 하는 데 그치지 않고, 기회가 된다면 전국을 돌며 이 보편적인 훈련법을 전파하고 싶다. 보편적이라는 것은 종교나 종파에 한정되는 성질이 아니기 때문이다.

부처님이 살아 계시던 시대에 불도는 단순히 '도道(막가)', 불법은 단순히 '법法(담마)'이라 불렸다. 만약 '불법佛法'이나 '불도佛道'라고 불리는 당파에 지나지 않는다면 기독교도가 실천하기에는 거부감이 들겠지만 그렇지 않다. 도나 법은 자이나교도든 이슬람교도든 기독교도든, 혹은 불교도든 누구나 이용할 수 있다.

모든 두뇌 편집을 멈추고 사실을 있는 그대로 경험하면 마음과 몸과 감정에 대해 온갖 법칙성을 깨우치게 된다. 이는 종교가 아니라 단순한 사실이다. 그것을 부처님이 발견해 주변에 전했을 뿐이다. 그렇기에 부처님이 계신 곳에 온갖 종교인이 찾아와서 가르침을 구했다. 오래된 불경을 읽다 보면 브라만교도나 자이나교도가 드나들었던 예를 많이 볼 수 있다. 더불어 그 밖의 온갖 종교 사람들과 대화를 나누면서 부처님은 "그런 종교는 버리고 이쪽으로 입신하라."라는 말을 결코 하지 않았다.

    도나 법의 관점에서 보면 종교는 세속적 오락에 불과하다. 천국에 가고 싶다는 것은 욕망이라는 번뇌이고, 신이 벌을 내릴까 봐 무섭다는 것은 분노라는 번뇌다. 그런 세속적 마음의 연장선인 이상 영화나 소설, 도박이나 음주 등과 비슷할지도 모른다.

내가 고요할 때 타인의 마음이 보인다

자신의 마음이나 감정에 대한 센서를 갈고닦으면 다른 사람의 마음도 민감하게 감지할 수 있다. 다른 사람들 또한 신체 감각이나 감정을 못 본 척하면서 마음이 머릿속에 틀어박히고, 이야기를 편집하고, 온갖 번뇌 때문에 무의식적으로 스트레스를 쌓아두는 모습을 관찰할 수 있다. 이것은 타인의 괴로움에 대한 상상이 아닌 훨씬 더 사실적인 감각이며, 다른 사람의 감정 변화를 감지하는 능력은 모든 상황에서 필요하다.

열심히 자기 이야기를 하고 있을 때 상대는 재미없거나 질린다고 생각하면서 그것을 표정에 드러내지 않도록 노력할 수도 있다. 그것도 모르고 상대방이 자기 이야기를 즐겁게 들어준다고 착각한 채 자랑을 계속한다면 단순한 꼴불견으로 끝나지 않는다. 상대방이 거래처 사람이라면 자신에 대한 평가가 나빠져 비즈니스에 지장이 생길 수도 있다. '재미없다'는 감정은 '싫다'는 반발 에너지, 즉 분노라는 번뇌다. 상대 마음의 표면에 그것이 나타났음을 재빨리 감지하려면 자기 마음이 평온해야 한다.

자신의 마음이 머릿속에 틀어박혀 번뇌투성이가 되어 있으면 다른 사람의 표정이나 말에 신경 쓸 여유가 전혀 없다. 반대로 자신의 마음이 잡념이 없는 텅 빈, 즉 공 상태라면 자신 이외의 것에 의식을 돌리기 쉽다. 그러면 상대방의 표정을 비롯한 몸짓, 음색 변화, 호흡, 혹은 마음의 파장 변화 등에 주의를 기울일 여유가 생긴다.

그러면 상대에게 어떤 타이밍에 욕망 에너지가 발생했

는지, 반발 에너지가 발생했는지, 혹은 의식의 집중이 끊어져 마음이 여기에 없는 미혹 에너지가 발생했는지도 판단하기 쉽다.

분위기만
읽다 보면
나를 잃는다

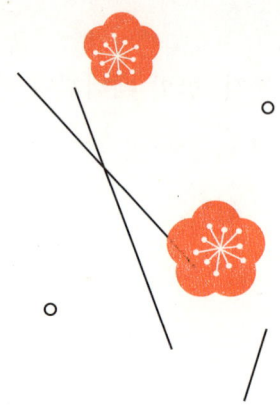

상대의 변화를 감지하는 것과 흔히 말하는 '분위기 파악'은 같은 것이 아닐까 하고 생각할 수 있다. 그러나 단순히 그 자리에 감도는 분위기를 파악할 줄 아는 기술은 크게 도움이 되지 않는다. 때에 따라서는 해가 될 수도 있다.

예를 들어 그 자리에 있는 지위가 가장 높은 사람이 재미없는 말장난을 했다고 하자. 이때 '재미있어하라고!' '즐겁다는 듯이 행동해서 비위를 맞춰!' 하는 압박을 읽어낸 순간, 자신의 두뇌 편집부는 바로 '불쾌해!'라는 이야기를 편집해버린다. 그리고 '싫은데. 사실은 이런 자리에 있고 싶지 않은데!' '이런 곳에서 아첨까지 떨어가면서 있어야 하다니, 내 인생은 너무 비참해!' '겉으로는 웃고 있지만 가짜 미소인 게 들켰겠지. 더는 참을 수 없어!' 등 다양한 이야기가 전개된다.

사람마다 전개되는 이야기가 다를 테지만 모두 혐오감 때문에 분노 에너지를 증폭시킨다는 점은 똑같을 것이다. 그 결과, 마음이 물결치며 괴로워진다. 여기에 분노 에너지가 활성화되었다는 것을 상대도 직감적으로 느끼기 때문에 그 자리에 녹아들기 어려울 수 있다. 이처럼 분위기를 파악하다가 자기가 지쳐 자멸하는 경우가 있다. 혹은 어떻게든 비위를 맞춰 환심을 사야 한다는 욕망 에너지를 강력하게 불태우면 겉으로는 상대의 환심을 살 수 있을지도 모른다.

하지만 분노를 억지로 억누르고 욕망 에너지를 활성화하면 마음이 심하게 물결치고, 잡념 때문에 판단력이 눈에 띄게 떨어진다. 그러면 상대의 표정이나 말의 뉘앙스를 잘못 이해하게 된다. 말장난을 재미있어하고 즐겁다는 듯이 행동하면 상대는 미소 지을지도 모른다. 하지만 '칭찬을 듣고 기뻐하네. 불쾌한 것을 참고 아첨한 보람이 있군.'이라고 생각한다면 큰 착각이다. 말장난에는 창피한 요소가 내포되어 있다는 사실을 누구나 마음 한구석에서 알고 있다. 그래서 상대는 '부끄러운 일을 했는데 칭찬하게 만들었군. 비위를 맞춰줬구나.'라는 생각에 웃으면서 얼버무리고 있을 뿐이다.

상대를 내가 아첨하고 있다는 사실을 전혀 모르는 우둔한 사람이라고 생각하는 것은 어리석기 짝이 없는 판단이다. 상대가 표면적으로는 눈치채지 못했다고 해도 잠재의식에서는 나의 분노와 욕망이 확실히 전해진다.

자멸하는 것과 지나치게 순응하는 것 모두 분위기를 파악한 결과 실패한 사례다. 어설프게 순응하려다 실패하기보다는 제대로 순응할 줄 아는 편이 좋다. 그러나 애초에 아첨하기를 요구하는 분위기에 순응할 필요는 없다. 나쁜 일에 순응하는 것은 나쁜 일을 조장하는 데 가담하는 셈이다. 그럼 어떻게 하면 좋을까? 이때 필요한 것이 분위기를 파악한 뒤 그 분위기를 이용해서 고쳐 쓰는 작업이다.

불쌍하게 여기는
마음으로

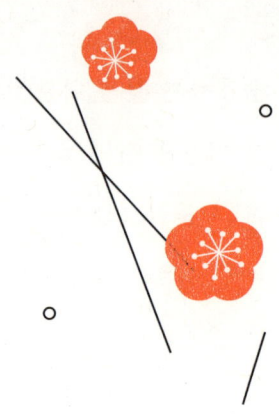

우리가 어떤 자리의 분위기에 적응하기 싫다고 생각할 때, '싫어, 싫어'를 시전하게 될 대상은 십중팔구 다른 사람이 발산하는 번뇌의 기운이다. 그러나 이러한 반발하는 감각은 상대의 번뇌를 막연히 느껴서 생긴 것일 뿐이다. 사실은 여기서 한 발짝 더 나아가 상대의 심신을 잘 관찰하면 자신의 분노 이야기를 다른 것으로 고쳐 쓸 수 있다.

상품을 팔고 싶은 마음을 겉으로 드러내지 않고 잡담

에 응해주던 점원이 "고객님의 개성적인 체형에는 이 색상이 잘 어울릴 것 같아요. 지금 이게 잘 나가서 한 벌밖에 안 남았거든요. 강력하게 추천해요!" 하고 갑자기 영업 모드로 바꾸는 것을 경험해본 적이 없을까? 관찰해보니 이때 점원은 큰 스트레스를 받고 있었음을 알 수 있다. 고객을 존중하는 것 따위에는 관심 없고 상품을 팔고 싶을 뿐인데, 나에게 흥미를 느끼는 것처럼 말을 건다. 그리고 사실 칭찬하고 싶지 않은데 무리해서 칭찬하는 셈이니 스트레스를 받는 것도 당연하다.

여기서 통찰을 멈추지 않고, 점원이 왜 스스로 속이고 스트레스를 받으면서까지 욕망이라는 번뇌에 사로잡혀 있는지 살펴보자. 그에게는 그렇게 하는 것 외에 다른 선택지가 보이지 않기 때문이다. 사실 자신의 욕망을 줄이고 고객이 무엇을 원하는지에 의식을 집중해 의사소통하면 본인의 기분도 만족스럽고 고객도 기뻐서 그 가게에 또 가고 싶다는 마음이 든다. 하지만 점원은 고객을 위해서라고 생각하거나, 고객과 순수하게 대화를 즐긴다는 데 생각이 미치지 않는다.

팔아야 한다는 충동 에너지의 자극에 명령받고 있다. 이론대로 '무슨 일이 있어도 할 수밖에 없다'는 식으로 상상 속 이야기가 계속 생산되기 때문에 벗어날 수 없게 된 것이다.

그래서 점원은 단순히 번뇌로 인한 스트레스를 발생시키고 있을 뿐만 아니라, 스스로 어떤 상태일 때 쾌적한지를 알 수 없게 된 '바보'라고 할 수 있다. 이 바보라는 말은 시험 성적이 나쁘거나 머리가 나쁘거나 하는 것과는 아무런 관계가 없다. 자기 자신에게 무엇이 쾌적한지 모른다는 것, 어떤 마음을 만들면 어떤 피드백을 얻는지 모르는 것을 불도에서는 무지, 즉 바보라고 한다.

상대방의 번뇌를 정확하게 관찰하는 데 성공하면 자신의 머릿속에서 분노라는 번뇌 에너지가 생산되던 것도 자동으로 멈추었을 것이다. 여기서 자동이라는 점이 핵심이다. 상대가 얼마나 바보인지 지혜를 통해 통찰하면 일부러 운동선수식 방법으로 분노를 억누르지 않아도 '바보로구나, 불쌍하게도….' 하는 온화한 기분이 될 수 있다.

우리가 불관용이 되는 것은 상대방의 번뇌를 막연하게 느끼고, '이 사람은 나를 괴롭히면서 즐기고 있어.' '이 사람은 나를 괴롭히고 이득을 보고 있어.'라고 생각할 때다. 그러나 이는 마음의 센서가 둔감해서 생긴 착각이다. 평소에 센서를 갈고닦았다면 점원이 그랬던 것처럼 모든 사람의 어떤 행위에도 고통의 자극으로 인한 명령이 존재함을 감지할 수 있다.

다른 사람의 고통을 섬세하게 이해하는 동시에 혐오감을 느낄 수 있을 정도로 인간은 극악하지 않다. 진리를 알면 불쌍하게 여기는 마음이 더 커진다. 이 마음이 바로 자비의 한 조각인 '비심悲心'이라 불리는 감정이다. 비심은 마음의 파도를 잔잔하게 잠재우며, 번뇌에 대한 특효약이다. 다른 사람을 위해서라기보다 우선 자기 자신에게 유익한 것이다. 그럼 상대방의 번뇌를 간파하고 마음을 평온하게 유지할 수 있다면 어떻게 행동해야 좋을까?

앞서 든 예로 말하면, 점원이 이끄는 대로 무심코 사고 나서 후회하는 것은 상대의 마음이나 말에 삼켜져 자신의 욕망을 몰아넣었기 때문이다. 상대에게 질려서 '사실은 좀 더 보고 싶었는데….'라고 생각하면서도 가게를 떠난 것은 분노라는 번뇌 에너지가 부리는 재주다. 비심의 경지에 이르면 욕망과 분노 어느 쪽으로 기울어지지 않고 "아, 그런가요. 한 벌 남았다고요." 하고 아무렇지 않게 넘길 수 있다. 한발 더 나아가 "좀 더 천천히 매장을 둘러볼게요!" 하며 싱긋 웃고는 쇼핑을 즐길 수도 있을 것이다. 이것이 바로 분위기를 파악하고도 분위기에 휩쓸리지 않고 고쳐 쓰는 예다.

세상의 소란에 휩쓸리지 않도록

이번에는 일대일이 아닌, 집단을 상대로 할 때 분위기를 고쳐 쓰는 방법을 살펴보자. 회사에서 쉬는 시간에 동료끼리 모여서 수다를 떠는 자리에서는 그곳에 있는 사람들의 감정과 번뇌가 뒤엉켜 원만하게 하나의 분위기를 만들어낸다. 종종 이런 자리에서는 그곳에 없는 사람의 결점을 논하며 비판하거나 욕하기 쉽다. 세상에 결점이 하나도 없는 인간은 없기 때문에 그 자리에 없다는 것만으로도 누구나 험담의 대상이 될 수 있다. 그런 자리에 있으면 욕하는 데 참여해야 한다는 분위기를 느끼고, '참여하지 않으면 따돌림받을 거야.'라는 걱정도 한다.

욕하는 데 동참해야 한다는 분위기는 실제로 존재하는 것일까? 결론부터 말하면 그 분위기는 자신의 마음이 만들어낸 환영에 지나지 않는다. 두뇌 편집부가 먼저 받는 것은 그 자리에 없는 사람, 예를 들어 상사에 대한 험담이다. 그 정보는 지금까지 축적된 기억에 근거해 편집된 결과, '그 자리에는 상사를 공격하는 분노 에너지가 가득 차 있다'는 의미가 부여된다. 더 나아가 만약 자신이 상사에게 호의를 품고 있거나 '그 자리에 없는 사람의 소문을 떠드는 것은 품위 없는 일이다.'라는 가치관을 지녔다면 두뇌 편집부는 한층 더 '이것은 불쾌한 이야기로군!' 하고 불쾌감 이야기를 편집한다. 그리고 불쾌감을 원료로 삼아 '이 자리는 왠지 불편하다.'라는 분노 에너지로 이야기를 만든다.

사실 이때 동시에 상반된 이야기도 하나 만들어진다. 이런 대화에 참여하지 않는 사람은 따돌림당한다는 것을 지식으로 알고 있어서 그 지식이 자동으로 불거지며 불쾌한 자극이 편집된다. 그 자극에서 벗어나고 싶어 '욕하는 데 동참하고 싶다'는 욕망 이야기가 탄생하는 것이다. '욕하기는 싫어. 품위 없게!' 하고 기품이 있는 듯이 생각해서 화내고 있으면서, 다른 한편으로 '참가하지 않으면 손해를 보니까 참가하고 싶다'는 욕망에 휩쓸려 있다. 분노보다 욕망이 더 강할 때 분노는 욕망에 억압당한다.

욕망과 분노의 모순된 정보처리로 마음은 녹초가 되고, 결국 욕망이 이기면서 욕하는 데 참여해야 한다는 분위기가 만들어진다. 반대로 말하면 스스로 '손해 보고 싶지 않다.'라는 번뇌의 충동 에너지를 마음속에서 만들지만 않아도 분위기는 발생하지 않는 법이다. 일단 이렇게 분위기에 압도되면 그 자리에서 험담에 동참하지 않으면 따돌림당한다는 위기감이 생겨 스트레스를 받는다. 그렇다고 무리해서 욕하는 데 참여하는 것도 큰 스트레스를 준다.

이처럼 어설프게 분위기를 감지하면 분위기에 억지로

맞추고 스트레스를 느끼느냐, 분위기에 억지로 거스르고 스트레스를 느끼느냐 하는 쓸데없는 선택지를 골라야 하는 처지가 된다. 만약 불도 스타일을 생활에 접목하는 사람이라면 전혀 다르게 대응할 수 있을 것이다. 그 자리에 앉아 욕하고 있는 사람들의 표정이나 몸짓, 감정의 변화에 의식을 집중해 관찰해보자. 그러면 몸짓에는 침착성이 없고, 음색에서는 품위 없이 다그치는 것이 느껴지고, 그 배경에 분노 에너지가 활성화되어 있음을 알아챌 수 있다.

주위 사람들이 욕하는 것을 즐기는 듯이 보이는 이유는 자신의 센서가 둔감하기 때문이다. 센서의 감도를 갈고닦았다면 남의 욕을 한다는 분노라는 번뇌 때문에 상대의 몸속에 불쾌 물질이 돌아다니고 있음을 알 수 있다.

조금 더 통찰하면 그들이 자신의 스트레스를 늘리면서까지 상사를 욕하는 이유는 평소 상사 때문에 스트레스받고 고통을 느끼기 때문임을 알 수 있다. 이러한 일련의 통찰을 0.5초 만에 할 수 있으면 그 자리에 있는 사람들에 대해 자연스레 연민의 마음이 들 것이다. '여기 있는 사람들은 스스로 자신의 스트레스를 늘리는 짓을 하고 있어 불쌍하다.'라고 느낀 시점에 '험담 따위는 싫은데⋯.'라는 반발, 즉 분노 에너지를 불태울 수 없게 된다. 이제 그곳에는 '욕하는 데 동참해야 한다'거나 '그 자리에 있어야 한다'는 분위기는 존재하지 않는다.

이처럼 '비'의 마음을 만들면 그 자리에 있으면서 욕하는 데 참여하지 않아도 소외감을 맛보지 않고, 따돌림당하는 일도 없다. 그러기는커녕 그 자리의 정체된 분위기를 환기해주는 상쾌한 존재로서 오히려 사랑받을 정도다. 욕을 하는 것은 고통일 뿐임을 누구나 마음 한구석에서 어렴풋이 알고 있다. 그 때문에 분위기를 흩트리는 사람이 있으면 분위기가 조금 부드러워지면서 안심하게 된다. 중요한 것은 주위가 발산하는 번뇌를 철저하게 감지함으로써 '그래, 그래' 하는 마음을 만드는 것. 즉 그 자리에 예상외의, 혹은 맥 빠지게 하는 대응을 함으로써 집단의 분위기를 고쳐 쓸 수 있다.

자비를 바탕으로 한 평정심을 유지할 수 있는 사람은 따르지도 거스르지도 않는 공에 가까운 태도로 분위기를 흩트리는 것 같으면서도 편하게 만드는 데 빼놓을 수 없는 독특한 존재감을 자아낸다.

욕망이 있는 마음을 욕망이 있는 마음이라고 아는 것.
욕망이 없는 마음을 욕망이 없는 마음이라고 아는 것.
반발이 있는 마음을 반발이 있는 마음이라고 아는 것.
반발이 없는 마음을 반발이 없는 마음이라고 아는 것.
　　　이것이 불도 수행의 근본인 마음 관찰이다.

마치며

밀려드는 분노를
자각하기

현대사회에서는 집에서도, 직장에서도, 학교에서도, TV에서도, 전철 안에서도, 길거리에서도, 인터넷 공간에서도 누구나 열받은 상태다. 마음속에서 투덜투덜 분노하는 마음이 소용돌이치고 있다. 그 때문에 많은 사람이 친구나 가족, 동료를 자기편이라고 느끼기보다 공격할 상대, 경쟁해서 밀어내야 하는 상대로 느끼는 것 같다.

공격하고 경쟁하면서 생활하게 되는 것은 분노 에너지

때문이다. 가장 큰 불행은 어디에 있든 자신이 있는 곳을 실감할 수 없게 된다는 점이다. 자신이 있는 곳을 느낀다는 것은 분노의 독소가 사라져 편안할 때만 얻을 수 있는 행복감이다. 이처럼 엄청난 분노로 있을 곳을 잃은 외로운 현대인은 '저게 잘못된 거야!' '이것도 이상해!' 하고 종잡을 수 없이 불평만 하고, 서로를 방해한다. 그 결과 사회 전체가 부정적으로 왜곡되어 생산성이 크게 떨어진 것 같다.

마음에 강하게 새겨진 분노를 자각하고 극복하는 것. 그로 말미암아 스스로가 행복해지고 가까운 사람들을 감화하는 것. 그것은 분노가 넘칠 정도로 가득 차 어두운 방향으로 기울어져가는 사회 전체의 흐름에 대한 소소한 길항拮抗 선을 긋는 일이기도 하다. 이 책이 당신의 마음에 작은 평온 하나라도 남기기를 바란다.

● 길항은 서로 맞서 버티고 대립함을 뜻하고, 선(線)은 경계나 흐름을 가리킨다. 여기서는 사회가 어두운 쪽으로 기울어질 때 이에 맞서 긋는 작은 저항선 혹은 균형을 되찾는 힘을 상징한다.

옮긴이
박수현

일본 와세다대학교 제1문학부 영문학과를 졸업했다. 현재 번역 에이전시 엔터스코리아에서 출판 기획 및 일본어 전문 번역가로 활동하고 있다.
옮긴 책으로는 『멘탈 아츠』 『뇌과학자가 알려주는 내향인의 성공 비결』 『스피노자의 진찰실』 『고객 경험을 업그레이드하는 FAQ 작성의 기술』 『당장 써먹고 싶어지는 내 옆의 심리학』 『생각 하나 바꿨을 뿐인데』 『회사생활이 힘드냐고 아들러가 물었다』 『잠 못들 정도로 재미있는 이야기: 통계학』 『SNS 마케팅의 7가지 법칙』 등 다수가 있다.

내 마음이 지옥일 때 부처가 말했다

초판 1쇄 발행 2025년 9월 22일

지은이 코이케 류노스케 **옮긴이** 박수현

발행인 윤승현 **단행본사업본부장** 신동해
편집장 김예원 **파트장** 김보람 **책임편집** 강혜지
표지 디자인 [★규] **본문 디자인** pica(**교정교열** 고영숙
마케팅 최혜진 이인국 **홍보** 반여진 허지호 송임선
국제업무 김은정 김지민 **제작** 정석훈

브랜드 웅진지식하우스
주소 경기도 파주시 회동길 20
문의전화 031-956-7209(편집) 031-956-7089(마케팅)
홈페이지 www.wjbooks.co.kr
인스타그램 www.instagram.com/woongjin_readers
페이스북 www.facebook.com/woongjinreaders
블로그 blog.naver.com/wj_booking

발행처 ㈜웅진씽크빅
출판신고 1980년 3월 29일 제 406-2007-000046호
한국어판 출판권 ⓒ 웅진씽크빅, 2025
ISBN 979-89-01-29714-9 (03100)

- 웅진지식하우스는 ㈜웅진씽크빅 단행본사업본부의 브랜드입니다.
- 저작권법에 의해 한국 내에서 보호를 받는 저작물이므로 무단 전재와 무단 복제를 금지하며, 이 책 내용의 전부 또는 일부를 이용하려면 반드시 저작권자와 ㈜웅진씽크빅의 서면 동의를 받아야 합니다.
- 책값은 뒤표지에 있습니다.
- 잘못된 책은 구입하신 곳에서 바꾸어드립니다.